JOHNSTON
EINE HEILWEISE DES NEUEN ZEITALTERS

Eine Heilweise
des Neuen Zeitalters

Lehrbuch des
Esoterischen Heilens

Brenda S. Johnston

Opal Verlag

Aus dem Englischen übersetzt von Frauke Uecker

Originalausgabe: »New Age Healing«
© 1975 by Brenda S. Johnston,
International Health Research Network,
11 Woodbury Avenue, Havant, Hants. PO9 1RH, England

Dieses Buch ist direkt beim Verlag zu beziehen. Es kostet DM/SFr
16,— (ÖS 120,—) und wird unmittelbar an den Kunden verschickt
(keine Nachnahme, keine Berechnung von Porto- und Verpackungs-
kosten).

Bestell-Anschrift:
Opal Verlag, Seefelder Straße 26, D-8900 Augsburg 1, Tel. 0821/
664333

3., aktualisierte Auflage, Juli 1986
2., verbesserte Auflage: Mai 1983

© Copyright der deutschen Ausgabe 1982
by Opal Verlag, Karl Friedrich Hörner, Augsburg
Alle Rechte vorbehalten

Umschlaggestaltung: Royston Watkins, K. F. Hörner
Satz: Fotosatz Geiß, Puchheim
Druck + Bindung: Fritz Steinmeier, Nördlingen

Printed in Germany

ISBN 3-924021-04-X

Meinen Lehrern in beiden Welten
und allen Mitlernenden
der Esoterischen Wissenschaft
gewidmet.

INHALTSVERZEICHNIS

1. KAPITEL

MENSCH, ERKENNE DICH SELBST

Der Mensch ist — wie die Alte Weisheit lehrt — ein geistiges Wesen, das sich in einer Reihe von Körperhüllen manifestiert. Während wir auf der Erde leben, wirken wir unter den sehr dichten stofflichen Bedingungen der Materie; wir leben wie in einem zähen, undurchsichtigen Nebel und erkennen immer nur das Nächstliegende.

Dennoch wissen wir, daß der Mensch ein Kind Gottes ist; doch ist er noch im Werden begriffen, gleichsam im Jünglingsalter seines Bewußtseins, aber auf dem Wege, in seine volle Statur und sein volles Vermögen hineinzuwachsen.

Es ist die Bestimmung des Menschen, seine Umgebung zu meistern, alle Hindernisse ins Positive umzuwandeln und zu lernen, als ein vierdimensionales Wesen in einer Welt zu handeln, der zur gegenwärtigen Zeit nur die drei Dimensionen vertraut sind. Noch aber sind wir in den Begrenzungen der uns bekannten fünf Sinne gefangen: die Medizin weiß, daß wir bisher nur ungefähr fünf Prozent der Substanz unseres Frontalhirns nutzen; die Fähigkeiten des unbekannten Restes warten noch der Erforschung.

Alle Menschen tragen in sich die Sehnsucht nach dem Glück, nach Gesundheit und Seelenzufriedenheit.

Bei dieser Suche müssen wir uns darüber klar werden, worin das ersehnte Glück eigentlich besteht ... **wer sind wir?** Was für ein Wesen ist der Mensch? Befriedigt uns der Gedanke, daß wir lediglich einen physischen Körper haben, der sich nach dem Tod langsam durch Verwesung auflöst? Wer dieser Meinung ist, für den hält die Medizin, die ihre Kräfte der gewissenhaften Erforschung des menschlichen Körpers widmet, alles Erforderliche bereit.

Die neuen Forschungen beginnen jedoch zu bestätigen, was in den Büchern der Alten Weisheit schon immer zu lesen war: nämlich, daß der Mensch ein vielschichtiges Wesen ist, das von einer Vielzahl von Körpern getragen wird und das auf vielen Ebenen wirkt. Von englischen, russischen und amerikanischen Wissenschaftlern konnten mit Hilfe der Fotografie im hochfrequenten Wechselstromfeld — der sog. Kirlianfotografie — Energiefelder sichtbar gemacht werden, die den physischen Körper umgeben. (Literatur: Ostrander/Schroeder »PSI«, München 1971; Milner/Smart »Experiment Schöpfung«, Freiburg o.J.; Harris/Meek »From Seance to Science«; S. Karagulla »Breakthrough to Creativity«)

Demnach ist der Mensch nicht nur eben jener physische Körper, der für eine begrenzte Zeit die Erde bevölkert, sondern er ist **ein vielfältiges Ganzes,** ein Wesen von unendlicher Mannigfaltigkeit. Etwaige Störungen äußern sich deshalb nicht nur im Körper, sondern in sämtlichen Systemen. Dies erklärt

- die enorme Zunahme an psychosomatischen Erkrankungen;

- die Tatsache, daß in England 40 Prozent der Krankenhausbetten von geistig Kranken belegt sind;

- die Tatsache, daß 60 bis 80 Prozent der ursächlichen Faktoren für Krankheiten heute in erster Linie nicht im physischen Körper liegen.

Die **Jenseitigen Lichtkräfte** haben dem Menschen auf dem Wege der Inspiration viele Heilmethoden vermittelt, die sich gegenseitig ergänzen und nicht bekämpfen sollen; denn keine Methode kann allen Menschen helfen, doch eine jede ist für bestimmte Menschen genau die richtige; keine besitzt ein Monopol auf die **ganze Wahrheit,** sondern in jeder liegen ein Teil der Wahrheit und ein gewisser Wert beschlossen; sie gehören zusammen wie die Scheiben einer aufgeschnittenen Orange. Die Tragik liegt darin, daß die Sünde, der Zustand der **Ab-sonde-**

rung, auch hier bis auf den heutigen Tag ein Zusammenfinden verhindert, anstatt daß die Menschheit in die Lage versetzt wird, jedem je nach Bedarf die passende Heilweise zukommen zu lassen, z. B. als da sind allopathische Medizin, Physiotherapie, Homöopathie, Akupunktur, Chiropraktik, Radionik, bis hin zu den verschiedenen Arten des geistigen Heilens, wie sie auch heißen mögen, einem umfangreichen Gebiet, von dem wir wenig wissen. **Wir alle** müssen hier freimütig zu geben und zu empfangen lernen und wir erhoffen den Tag, an dem in den **Kliniken des neuen Zeitalters** *alle* Therapeuten nebeneinander und miteinander arbeiten. Es gibt ein Sprichwort:

Wissen ist stolz, weil es so viel weiß;
Weisheit ist demütig, weil sie so wenig weiß.

Esoterische Heilweise und Psychotherapie gehen von denselben Grundgedanken aus:

Wir kurieren weder, noch heilen wir, sondern wir helfen dem Menschen, sich selbst zu helfen.

Man hat vielfach versucht, Definitionen für die esoterische Heilweise zu finden; alle scheitern daran, daß unsere Sprache innere Bezüge nur anzudeuten vermag. Es sei hier nur eine Definition genannt:

»Esoterische Heilweise ist das Empfangen und Weiterleiten von geistigen Energien und Kräften aus der Seelenebene (*), und das Wissen darum.«

Aber in Wirklichkeit ist die esoterische Heilweise eine Kunst der Selbstheilung; denn wenn der Mensch gelernt hat, aus der mental-geistigen Ebene stammende Energien zu handhaben, so kann er sich selbst heilen, und zwar nicht durch Fertigkeiten und Hilfsmittel der materiellen Ebene, sondern durch die An-

---

(*) Anm. d. Übers.: Unter der »Seele« versteht die Lehre von der Esoterischen Heilweise weder den Psychebegriff der Psychologie, noch den feinstofflichen Emotional- oder Astralkörper, sondern das allen sieben Körpern übergeordnete Göttliche Prinzip der Wesenheit, vgl. Bildtafel »Der ganze Mensch«, S. 82.

wendung seiner angeborenen inneren Kräfte, d. h. seines Bewußtseins. Es geht also darum, die Kraft des eigenen Seelenlebens in unseren Patienten freizulegen. Das grundlegende Lehrbuch von Alice A. Bailey, »Esoterisches Heilen«, stellt den Grundsatz auf: **Es ist allein die Seele, die die manifestierte Form heilt.** Niemand kann dies für einen anderen vollbringen, sondern wir können den Mitmenschen jeweils nur dabei helfen, die Christuskraft in sich selbst zu entbinden; dazu müssen wir uns in den Dienst am Nächsten stellen und ihn an unseren Erkenntnissen teilhaben lassen.

Wir können deshalb eher *helfen* als unmittelbar heilen — aus Gründen, die wir noch sehen werden, kommt eine Heilung im eigentlichen Sinne nur selten vor —, weil die **Ursache** einer Krankheit meist nicht im physischen Körper liegt. Der Körper als dichtester und letzter unserer Körperhüllen ist quasi nur deren Abfallbehälter, so daß sich die **Wirkungen** an ihm in Form von Krankheitssymptomen äußern. Solange die wahre Ursache nicht erstens entdeckt und zweitens entfernt oder aufgelöst worden ist, taucht die Wirkung notwendigerweise wieder neu auf: z. B. Gallensteine bilden sich nach operativer Entfernung neu, oder ein Magengeschwür tritt wieder in Erscheinung. Deshalb befaßt sich die **esoterische Heilweise** mit den Ursachen selbst, nicht mit deren Auswirkungen. Der Heiler bemüht sich, über die seelische Wahrnehmung das Bewußtsein des Patienten anzuzapfen, um eine sichere Auskunft darüber zu erlangen,

- wo grundlegende Ursachenfaktoren liegen;
- ob diese im mentalen, emotionalen oder physischen Körper verankert sind oder mehr auf karmischen Gegebenheiten oder der Gruppen- oder planetarischen Zugehörigkeit beruhen; sowie
- welche der Zentren oder Chakras blockiert sind und so den freien Energiefluß behindern, der den physischen Körper belebt.

Es ist wichtig, **alles als im Fluß befindlich** zu sehen.

Denn wo auch immer der Energiestrom blockiert oder vermindert ist, ob im ätherischen, emotionalen oder mentalen Feld, wird diese Blockade sich immer wieder neu auf verschiedenen Ebenen äußern, bis die **Ursache** beseitigt ist.

An diesem Punkt müssen wir uns mit der Inkarnationslehre auseinandersetzen und akzeptieren, daß der Mensch ein Lehrling und die Erde seine Lehrwerkstatt ist. Er soll hier

- neue Lektionen lernen;

- sich neue Fähigkeiten aneignen, d. h. seinen Charakter entwickeln;

- größeres geistiges Wissen erlangen, indem er besser verstehen lernt, **wer er ist;**

- tauglicher im Dienen werden — denn nur deshalb vollzieht sich die Entfaltung allen Bewußtseins, damit dem **allumfassenden Leben** und der Menschheit besser gedient werden kann.

Wir müssen zugeben, daß es wohl der Erfahrungen vieler Leben bedarf, ehe etwas erreicht ist, das der Vollkommenheit nahekommt ..., denn Gott ist reine Liebe und reine Erfahrung ... Bei jedem von uns spielt vergangene Geschichte mit, Schulden sind zu begleichen, die nötige Wiedergutmachung ist zu leisten und die Seele muß Korrekturen und Entwicklungen durchleben, bis sie frei von der Notwendigkeit wird, wieder in die irdische Sphäre zurückzukehren.

Haben wir das verstanden, so drängt es uns, unser Wahrnehmungsfeld zu erweitern, um am Patienten den **ganzen** Menschen und nicht nur ein kleines, vorübergehendes Symptom sehen zu können. Der geistige Heiler muß den Menschen sehr weit und großzügig zu erfassen suchen, denn **alle** Einflüsse, vergangene, gegenwärtige und zukünftige spielen mit hinein. Ein jeder von uns ist die Summe dessen, was er in der Vergangenheit erreicht hat, und im Heute bereiten wir unser **Morgen** vor ... Alles bisher Errungene und die Offenbarungen, die wir **heu-**

te anstreben, können wir in die Zukunft hinübernehmen, sowohl für uns selbst, als auch für unsere Gruppe und die gesamte Menschheit.

Aus dieser Erkenntnis heraus wirkt die **esoterische Heilweise** übers Bewußtsein und nicht durch den Körper. Der Körper hilft zwar mit bei der Korrektur, aber die Heilung über das Bewußtsein ist das Wesentliche; denn Harmonie und Ausrichtung des Bewußtseins führen zur Gesundheit von Geist *und* Körper ... es gibt das eine ohne das andere nicht und wird es nie geben: auf dieser Tatsache baut unser Thema auf. Der Heiler ist hierbei lediglich der Kanal, durch den aus der **Einen Quelle** die heilenden Energien hindurchgeleitet werden. Widerstände oder Disharmonie in den Körperhüllen des Patienten können die heilenden Energien blockieren, so daß deren Stärke vermindert wird. In solchen Fällen muß der Heiler mithelfen und die Gesetze des Lebens erklären.

Es gibt beim Heilen drei Möglichkeiten: Es kann

- eine dauernde Heilung bewirkt werden;

- ein Krankheitszustand so weit erleichtert werden, daß der Patient in Zukunft mit diesen Bedingungen leben kann;

- eine Hilfe beim Übergang (»Tod«) geleistet werden, wenn der Übergang in der Absicht des beseelenden Lebens liegt.

Der Lebensplan der Seele hat Vorrang. Wenn die Seele das Wesen Mensch zu weiterer Arbeit auf der Erde belassen will, dann ist Genesung möglich. Wenn die Seele hingegen, da sie keinen Bedarf mehr für diesen Körper als Instrument hat, sich allmählich aus ihm zurückziehen will — möglicherweise als Vorbereitung, um ein besseres zu bilden — dann sollte der Heiler diesen Umstand intuitiv erfassen und von jedem weiteren Versuch einer Heilung Abstand nehmen.

Mantram: »Möge Heilung gemäß dem Plan der Seele geschenkt werden.«

12

2. KAPITEL

KRANKHEITSURSACHEN

Gesundheit besteht nicht in einer Schmerzlosigkeit des physischen Körpers allein, sondern ist ein **Seinszustand** der Harmonie des Ganzen. Gesundheit ist demnach ein Zustand des Bewußtseins, der die Bedingungen auch für die feinstofflichen Körper, also nicht nur für den physischen Körper, schafft. Die heutige Medizin hat sich mehr die Behandlung der Krankheiten zur Aufgabe gemacht als die Aufrechterhaltung bestehender Gesundheit. Diese Haltung ist insofern wenig erfolgreich, als z. B. jeder gute Ingenieur seine Mühe eher auf die Wartung seiner Maschine verwendet, anstatt abzuwarten, bis sie mangels Pflege zusammenbricht. Die alten Chinesen bezahlten ihren Arzt nur so lange, wie sie gesund gehalten wurden; im Falle einer Erkrankung hörte die Bezahlung auf, bis die Gesundheit wieder hergestellt war. Das sollte uns nachdenklich stimmen.

Geistheilung wirkt im Bereich der vierten Dimension, die die feinstofflichen Körper regiert; das ist bisher unbeachtet geblieben. Stattdessen berichtet die Geschichte von der Verfolgung jener Pioniere, denen es gelungen war, in gewisse Kenntnisse über das Energiefeld des Menschen einzudringen. Leider war die orthodoxe Kirche hier einer der heftigsten Verfolger, ganz entgegen dem Beispiel ihres Gründers, Jesus Christus, der zu den herrlichsten Heilern zählt, die je auf Erden gewandelt sind. Er war es, der seinen Jüngern auftrug: »Geht hin und tut desgleichen« und »größere Dinge als diese werdet ihr tun«.

Das Wort »**geistig**« ist nicht theologisch zu verstehen. Viel eher haben wir das auf unserem Planeten **allgemein** gültige Konzept und nicht die Meinung individueller Gruppen und Sekten zu befragen, die sich eine Autorität anmaßen und deren Gründer jeweils kamen, um gewisse fundamentale Begriffe in das Bewußtsein ihrer Zeitgenossen zu senken, für die sie planetarische Botschafter des **Einen** waren. Christus sagte: »Viele werden in Meinem Namen lehren, die Mich nicht kennen.« Weder Ritual noch Robe bewirken die Ausgießung der göttlichen Energie, sondern nur die Fähigkeit, das Bewußtsein anzuheben und an die göttliche Quelle mit der Bitte anzuschließen, daß heilende Kräfte geschenkt werden mögen. »Bittet und ihr werdet empfangen«, sagte der Meister Jesus, »suchet, und ihr werdet finden; klopfet an und es wird euch aufgetan.« Der Heiler ist der Kanal für diese heilenden Kräfte, ähnlich wie ein Draht, der die Elektrizität vom Stromanschluß ins Gerät leitet.

Es ist die Verantwortung des Heilers, seine eigenen Körperhüllen so weit zu reinigen, daß er als ein reiner Kanal wirken kann, wie ein leeres Rohr, das darauf wartet, gefüllt zu werden. Übungen der **Ein-Stimmung,** der **Konzentration** und der **inneren Vorstellungskraft** spielen bei dieser Reinigung eine große Rolle.

Führende Köpfe in der Medizin und den ihr verwandten Berufen beginnen allmählich zu erkennen, daß die Ursache vieler Krankheiten in der verborgenen inneren Haltung unserer denkenden und unserer emotionalen Ebene, beispielsweise in der Unterdrückung oder Ausschweifung des sexuellen Lebens, gesucht werden muß.

Aber darüber hinaus gibt es Ursachen, die viel tiefer zurückreichen, nämlich in das Leben des Planeten selbst, von dem wir alle ein Teil sind, denn

A. Dies ist kein geheiligter Planet, sondern es ist ein unvollendeter Planet, und unser planetarischer Logos selbst ist noch eine in der Entwicklung begriffene Wesenheit.

B. Es gibt auf dem Planeten verschiedene Krankheiten wie Syphilis, Tuberkulose und Krebs, die in früheren Zyklen, in Lemuria und Atlantis, entstanden sind. Die meisten von uns gehörten diesen damaligen Zivilisationen an und sind vielleicht noch, nach dem Gesetz von Ursache und Wirkung, mit ungesühntem Karma befleckt; oder wir sind der gegenwärtigen, allgemeinen Infektion des Planeten mit unterworfen. So hat uns beispielsweise der englische Meister kürzlich durch Dr. Douglas Baker mitgeteilt, daß rheumatoide Arthritis ein alter lemurischer Makel ist und das Virus heute durch Hunde übertragen wird. Daher das häufige Vorkommen dieser Krankheit auf den Britischen Inseln, wo der Hund ein so verbreitetes Lieblingstier ist.

Es sei hier erwähnt, daß wir die Krebskrankheit kaum werden beherrschen können, solange nicht die Leiber aller an Krebs Verstorbenen eingeäschert werden. Solange wir die Körper erdbestatten, gelangt die Infektion in die Pflanzen und Tiere, die sich von Erdstoffen ernähren und die wiederum uns als Nahrung dienen; und so dauert der Kreislauf an.

C. Nationale und Gruppenanfälligkeiten machen sich hauptsächlich über den Äther- oder Energiekörper bemerkbar. Gegenwärtig ist der Mensch astral, d. h. hauptsächlich im Solarplexus-Zentrum »polarisiert«. Folglich ist die emotionale Empfindungsnatur allmächtig in den Massen, was sich recht negativ auf den Ätherkörper auswirkt: Energie jagt durch diese ätherische Substanz, d. h. Wogen von Emotionen treiben den Menschen in Massenformation hierhin und dorthin und lassen ihn dann erschöpft, ziellos und ohne Harmonie mit sich selbst und seiner Art zurück.

Dies wird so bleiben, bis der Mensch gelernt hat, mehr durch seinen Mentalkörper zu handeln. Das allein kann ihm helfen, seine Emotionen und Gefühle zu bändigen, bis er einst eine gewisse Verbindung zur Seele hat und **Gewaltlosigkeit** und **Güte** in Gedanken und Taten praktizieren kann.

D. Es gibt ein persönliches Karma. Nach dem Gesetz von Ursache und Wirkung wird ein Mensch ernten, was er sät. Ursachen, die in früheren Leben gesetzt worden sind, können ihre Wirkung in diesem gegenwärtigen Leben haben.

Unseren leiblichen Körper erhalten wir von den Eltern. Unsere Persönlichkeits- und Seelenaspekte bringen wir **selbst** aus der Vergangenheit mit.

WAS IST KRANKHEIT?

Alle Krankheit ist durch *Harmoniemangel* verursacht, der seinerseits wieder *Stauungen* im Ätherkörper bewirkt.

1. Krankheit entsteht, wenn es an einem Gleichklang mit der Seele und deren Aufsicht fehlt.
   Es gibt Krankheit in allen vier Naturreichen.
   Krankheit reinigt.
   Nur der Mensch besitzt Heilungsmethoden; denn diese haben ihren Ursprung im geistig-mentalen Bereich.

2. Krankheit ist ein Naturvorkommnis. Sie ist ein nützlicher Warnvorgang.
   (a) Widerstand gegen die Krankheit stärkt diese nur. Es helfen nur Verstehen und Annehmen, sofern einmal ihre Gründe geklärt sind.
   (b) Krankheit ist *nicht* das Ergebnis falschen menschlichen Denkens allein.

3. Krankheit ist ein Prozeß der Befreiung und der Feind dessen, was statisch ist. Denn Befreiung führt zu neuem Leben, indem die Seele sich selbst eine feinere Körperhülle baut.

4. Krankheit wird, wie alles Manifestierte, von dem Gesetz von Ursache und Wirkung regiert.

Heilung ist auf dreierlei Weise möglich:

A. Durch die Methoden der vielen medizinischen und chirurgischen Richtungen und verwandter Berufe.

16

B. Durch Psychologie, die Bewußtseinshaltungen, beispielsweise Verdrängungen usw., behandelt (Psyche ist das griechische Wort für Seele).

C. Durch die eigene Aktivität des Bewußtseins, über welches die Seele die Gesamtpersönlichkeit zu beeinflussen vermag. Unter Persönlichkeit versteht man die Summe unserer drei gröberen Körperhüllen, nämlich der mentalen, emotionalen, und psychischen.

Die esoterische Heilweise arbeitet vor allem auf dem dritten, unter C. genannten Gebiet, und zwar über das Seelenbewußtsein des als Kanal wirkenden Heilers. Dennoch ist es die Pflicht des Heilers, sich mit so vielen Therapien wie möglich vertraut zu machen, damit er im *Einzelfall* intuitiv herausfinden kann, welche Methode für den hilfesuchenden Patienten die beste ist. Er muß *nicht* notwendigerweise seine eigene Methode, sondern es kann durchaus eine der anderen sein.

Wenn z. B. irgendwelche *Ängste* das Grundproblem sind, kann sich die Blütentherapie nach Dr. E. Bach als beste Behandlung erweisen.

Man sagt, daß der Geist selten erleuchtet wird, wenn die Intuition spärlich arbeitet. Der Heiler muß deshalb durch Meditation an der Entwicklung dieser Fähigkeit arbeiten und sich bemühen, Erleuchtung zu erlangen. Auf diesem Wege wird sich ein besseres Verständnis einstellen, und die »innere Stimme« wird vernehmbar. Nur so erlangt man das Recht auf göttliches Wissen.

Krankheit erscheint dort, wo es an einem Gleichklang zwischen der Seele und der manifestierten Form, zwischen dem Leben selbst und seinem Ausdruck auf der äußeren Ebene, zwischen der subjektiven und der objektiven Realität, fehlt. Demnach sind Geist und Materie **nicht** ohne weiteres aufeinander abgestimmt.

Das **erste Gesetz esoterischen Heilens** läßt sich wie folgt formulieren:

Jede Krankheit ist das Ergebnis gehemmten Seelenlebens; das gilt für alle Lebensformen in allen Lebensbereichen. Die Kunst des Heilers besteht darin, die Seele freizumachen, so daß ihr Leben durch die Organismen-Aggregate strömen kann, aus denen jede Form besteht.

Dieser Mangel an Harmonie oder Gleichklang verursacht jene Zustände, die zu Schmerz, Stauung, Verfall und Tod führen.

Aber sie alle haben reinigende Wirkung; und sie so zu sehen, wäre die richtige Haltung des Menschen gegenüber der Krankheit. Mancher Heiler vergißt dies, wenn er fanatisch nur die äußere Form heilen will.

Unser bisheriger Irrtum besteht in

- unserer Unfähigkeit, den wahren Sinn des Schmerzes zu erkennen;

- unserer Ablehnung des Leidens;

- unserem Mißverstehen des Gesetzes der Widerstandslosigkeit;

- unserer Überbetonung der **Form**;

- unserer Haltung gegenüber dem Tod, die in der Auflösung der Form Unheil statt **Erlösung** sieht.

Wenn sich die Menschheit von ihren Denkgewohnheiten abkehrt und Krankheit hinfort als einen natürlichen Vorgang wertet, wird der Mensch anfangen, mit dem **Gesetz der Befreiung** zu arbeiten, d. h. mit dem rechten Denken, das zur Widerstandslosigkeit führt. Gegenwärtig leiht er der Krankheit nur noch mehr Kraft, indem er sie mit der ganzen Macht seines Denkens bekämpft. Der Tibeter Meister Djwal Khul hat vorhersagt, daß die Übel der physischen Ebene allmählich verschwinden werden, wenn wir unser Denken wieder auf die Wahrheit und die Betrachtung der Seele ausrichten.

Der Selbsterhaltungstrieb ist stark im Menschen, und das ist gottgewollt und richtig so. Aber die Menschenfamilie wird eines Tages den wahren Sinn des Todes als eines organischen, befreienden Prozesses verstehen, der Kräfte bewahren und der Seele ein besseres Instrument der Manifestation verschaffen soll.

Wir kehren kurz zum **Plan der Seele von der Inkarnation** zurück. Wenn für die Seele die Zeit kommt, sich aus ihrem physischen Körper zurückzuziehen, verliert sie das Interesse an der Form, und der Körper löst sich dem Plan gemäß auf. Der intuitive Heiler wird es erkennen, wenn diese Zeit gekommen ist, und wird versuchen solche Hilfe zu leisten, die die Loslösung der Seele und ihre Rückkehr zu Erneuerung und Befreiung unterstützt; denn diesem Ziel sollten wir alle mit Hoffnung und Freude entgegensehen.

LITERATUR

Alice A. Bailey: »Esoterisches Heilen«, Lucis Trust, Genf

Alice A. Bailey: »Die Seele und ihr Mechanismus«; Lucis Trust, Genf

Douglas Baker: »Esoteric Healing 1—3«; Claregate Publishers, England

Ronald P. Beesley: »The Robe of Many Colours«; White Lodge Publications, England

Edward Bach: »Blumen, die durch die Seele heilen«, München 1980

Mechthild Scheffer: »Bach Blütentherapie«, München 1981

Götz Blome: »Mit Blumen heilen«; Freiburg 1985

3. KAPITEL

DER ÄTHERKÖPRER

Der Äther- oder Vitalkörper ist die feinstofflichere Hälfte des physischen Körpers, manchmal als das »ätherische Doppel« bezeichnet. Seine Beziehung zum physischen Körper ist ähnlich der des Eiweißes rund um das Eigelb. Er ist das Energiefeld oder Gerüst, das das physische System aufrecht erhält und ohne dieses Lebens-Stütz-System wäre der physische Körper leblos.

Es gibt nichts im manifestierten Universum — sei es eine Sonne, ein Planet oder eine Erscheinung der verschiedenen Naturreiche —, das nicht ein Energiefeld besitzt, fein und ungreifbar, aber wirk-lich (denn es **bewirkt** die Formen). Dieses Energiefeld kontrolliert und schafft die Bedingungen für den äußeren physischen Körper. Es wird verschieden bezeichnet, zum Beispiel:

als **Ätherkörper** — bei Esoterikern und Studierenden der Uralten Weisheit,

als **Bio-Plasma-Körper** — von russischen Naturwissenschaftlern oder

als **elektro-magnetischer Körper** — in der Physik.

Dieses Energiefeld ist ständigem Wechsel unterworfen. Wir beobachten, wie sich im Tier- und Pflanzenreich das Verhalten und das Energiefeld mit der Atmosphäre, mit der Tages- und Jahreszeit verändern. Dasselbe gilt für das Energiefeld des Menschen. Es befindet sich in ständigem Wandel und sein Zustand ist, wie alle Formen des Lebens, von solaren und planetarischen Energien abhängig.

Dr. Shafica Karagulla, die Leiterin des Zentrums zur Erforschung der übersinnlichen Wahrnehmung (Higher Sense Perception Research Foundation) in Beverly Hills, Kalifornien, kam nach langjährigen Forschungen zu dem Schluß, daß die den Menschen umgebenden Energiefelder uns neue Einblicke in sein Wesen und seinen energetischen Zustand bei Gesundheit und Krankheit geben können. »Es wird möglich werden, Störungen im Energiefeld abzulesen, noch ehe eine Krankheit sich im physischen Körper manifestiert, d. h. wir werden **medizinische Voraussagen** machen können.«

Der Ätherkörper, wie wir ihn hier nennen, ist aus feinen, ineinandergreifenden Energielinien aufgebaut, die beständig zirkulieren und aus einer oder mehreren der sieben Lebensebenen oder Bewußtseinsbereiche unseres Planeten ausströmen. Der Ätherkörper nimmt auch Licht- oder Kraftlinien aus unseren eigenen feinstofflichen Körperhüllen, der Mental- oder Emotionalebene, wie ein Flußbett auf und ergießt sie in die physische Form.

Der Ätherkörper hat eine **Hauptaufgabe:** Er belebt den physischen Körper, versieht ihn mit Energie und integriert ihn so in den Energiekörper der Erde selbst und damit unseres Sonnensystems. Der Ätherkörper ist der Träger des **Prana** oder der Lebenskraft. Durch Energienetze fließen die kosmischen Kräfte, ebenso wie das Blut durch die Venen und Arterien strömt, um den physischen Körper zu beleben. Dieser ständige Energieumlauf — von der Sonne zum Planeten, zur Menschenfamilie bis hin zum Individuum — durchpulst die Ätherkörper aller Formen; er ist die Grundlage allen manifestierten Lebens und ein Ausdruck des wesenhaften **Eins-Seins** und Nichtgetrenntseins allen Lebens.

Der **dichte physische Körper** ist die Summe all der Organismen, aus denen er zusammengesetzt ist, d. h. der Zellen, Zellgruppen, Organe und Organsysteme, die ein jedes eine individuelle Schwingung und Aktivität aufweisen; sie werden auf der ätherischen Ebene, in der jeweils Duplikate aus feinstofflicher Substanz existieren, zusammengehalten.

Der physische Körper ist ein notwendiges Ausdrucksmittel der Seele, das es ihr ermöglicht, sich auf der physischen oder äußeren Ebene zu äußern; aber er ist nur Teil eines größeren **Ganzen.** Er ist das Reaktionsmittel, das uns mit dem Planeten und dessen anderen Lebensformen verbindet. Dennoch werden die Bedingungen unseres physischen Körpers durch dessen ätherisches Gegenstück, den Ätherkörper, bestimmt, und dieser wiederum ist stark vom **Bewußtsein** beeinflußt, daher das Sprichwort: »Wie ein Mensch im Herzen denkt, so ist er.«

Es hängt viel vom Stand der geistigen Entwicklung des einzelnen ab, womit seine Gedanken befaßt sind und welche Qualität von Energie folglich herangezogen wird. Es ist sehr wichtig, daß wir lernen, uns geistig zum Licht hin zu orientieren; dann werden wir das anziehen, was **gut** und **schöpferisch** ist, andernfalls aber, was verneinend und zerstörerisch ist. Denn die Erbauer des Hauses, in dem wir während unseres Erdenlebens weilen, sind wir selbst, und wir beschaffen uns auch selbst das Material dazu.

Die Schwingungsrate oder »**Licht**-Qualität« des Ätherkörpers spiegelt genau den Stand der Seelen-Entwicklung wider, und die Helligkeit oder Quantität dieses inneren Lichtes zeigt die geistige Entwicklung des Individuums an. Eben dies meinte Jesus mit seinen Worten: »Laßt Euer Licht so vor den Menschen leuchten, daß sie eure guten Werke sehen können.«

Alice A. Bailey bezieht sich hierauf in der zweiten Regel des esoterischen Heilens:

»Der Heiler muß durch Reinheit des Lebens magnetische Reinheit erlangen. Er muß sich jene überwältigende Strahlung aneignen, die sich in jedem Menschen zeigt, der die Zentren im Kopf miteinander verbunden hat. Wenn dieses magnetische Feld hergestellt ist, dringt auch die Strahlung hinaus.«

Die **Verfeinerung aller Körper** wird durch die Schöpferkraft des Gedankens bewirkt, denn das Gesetz lautet: **die Energie folgt dem Gedanken.** Und Liebe ist die große Energie, die **Gottes Willen** am besten zur Vollendung bringen kann, da sie das

Bewußtsein lenkt und die Ideen ausführt, die im Göttlichen Plan für die Menschheit beschlossen sind.

Wir betreten ein Zeitalter neuer Möglichkeiten des Menschen, wir sammeln Erkenntnisse über uns selbst. Eine Erkenntnis von größter Tragweite ist die, daß wir alle fähig sind, **uns selbst** zu heilen — ein Gedanke der vierten Dimension — und das ist unsere Zukunft. Wir können nun damit anfangen, in uns selbst die Laboratoriumsbedingungen zu schaffen. Das größte Forschungsobjekt ist unser Ätherkörper; denn diese Körperhülle ist

1. ein Hauptmitteilungsbereich;

2. der **Hauptzufluß** der Energie für die ganze physische Struktur, vergleichbar der elektrischen Verbindungsleitung von dem Hauptanschluß in der Straße bis ins Haus; und

3. die zweite Hälfte und Vervollständigung des menschlichen physisch/ätherischen Organismus; sie ist ihrem Wesen nach ein Teil der materiellen Ebene und löst sich folglich innerhalb von zwei bis drei Tagen nach dem Tode auf.

Der Ätherkörper sieht wie ein farbloser Nebel aus und ragt etwa einen halben bis zu 10 cm über den Umriß des physischen Körpers hinaus, je nach dem geistigen Zustand des Betreffenden. Viele Menschen können durch Übung lernen, den Ätherkörper zu sehen; man muß dazu nicht hellsehend sein.

Der Ätherkörper ist aus unzähligen Energielinien aufgebaut, die einander fortwährend überschneiden. Die Kreuzungen vieler Linien deuten jeweils eines der großen Chakras oder Hauptzentren an, die Kreuzungen weniger Lichtlinien ein Nebenchakra. Der Mensch hat

7 große Chakras oder Hauptzentren, welchen die 7 Hauptdrüsen des endokrinen Systems unterstehen, und 49 Nebenchakras, welche verschiedene andere Organe und Systeme kontrollieren. 21 dieser 49 Nebenchakras spielen eine wichtige Rolle, so daß man ihre Lage kennen sollte.

Mit diesen Chakras arbeitet der esoterische Heiler, wenn er je nach Bedarf

eine harmonisierende Wirkung,
eine Energie-Aufladung oder
eine Energie-Abladung erzielen will.

Mit Hilfe seines Ajna-Chakras (oder Stirn-Chakras) und seiner Hände vermag der einfühlsame Heiler den Zustand eines jeden Chakras im Körper des Patienten zu ermitteln, damit er weiß, welche der drei obigen Alternativen angewendet werden muß.

Solange die sieben Hauptchakras des Ätherkörpers in Harmonie miteinander schwingen, arbeiten auch die sieben endokrinen Hauptdrüsen richtig, was wiederum die Gesundheit des physischen Körpers gewährleistet.

Sind umgekehrt eines oder mehrere Zentren geschwächt, so spiegelt sich diese Schwäche in dem gesamten, von dem betreffenden Chakra kontrollierten Bereich, insbesondere in der ihm zugeordneten endokrinen Drüse oder Organ wider; in diesem Fall muß das Chakra durch Energieversorgung belebt werden.

Dies geschieht durch bewußte Lenkung der Energie über das Ajna-Chakra und die Hände des Heilers. Der Heiler stimmt sich als erstes auf sein höheres Selbst ein und bittet um Kraft; er muß sich an die höhere Kraftquelle »anschließen«, bevor die richtige Energiequalität entnommen werden kann. Es ist wichtig, daß der Heiler keinem der Chakras den Vorzug gibt, sondern daß er einen *gleichmäßigen Fluß* durch alle Chakras anstrebt; auf diese Weise kann der ganze Mensch in Harmonie gebracht werden. Der Heiler sollte seine Willenskraft **nicht** dazu mißbrauchen, irgendein Ergebnis zu erzwingen; denn allein die Seele des Patienten kennt den Plan für dessen Leben.

Wenn die Medizin einst Erkenntnisse über die Seele und zugleich von der Kunst der Energieverteilung und -lenkung mittels des Ätherkörpers besitzt, werden wir einen ungeheuren

Schritt vorwärts gelangt sein und die Verabreichung von Medikamenten mit schädlichen Nebenwirkungen wird überflüssig werden. Der Mensch wird sich selbst heilen können, indem er sich an sein höheres Selbst anschließt, und er wird unabhängig von aller Einnahme in den physischen Körper und von allen elektrischen und technischen Apparaten sein. Doch diese Erfahrung muß er erst noch machen. Eben darum prangte in früheren Zeiten das Wort »Mensch, erkenne dich selbst« groß über den Torbogen der Weisheits-Schulen. Schon heute gibt es Männer mit derartigen selbstheilerischen Fähigkeiten: Swami Rama, jetzt in Amerika, hat unter Beweis gestellt, daß er sein Herz anzuhalten und seine Gehirnwellen durch bewußtseinsmäßige Kontrolle zu verändern vermag — diese Experimente wurden kürzlich in Anwesenheit vieler Ärzte an der Menninger-Research-Foundation in Topeka, Kansas durchgeführt (zitiert nach Dr. Douglas Baker u. a.) und machen alles hinfällig, was bisher an medizinischen Schulen gelehrt worden ist.

Der physische Körper wird heute noch nicht allgemein als elektrisch-energetische Einheit erkannt. Sein Wesen als reine atomare Energie wird nicht begriffen. Die Tatsache, daß es einen Energie- oder Ätherkörper gibt, wird an den modernen medizinischen Fakultäten nicht gelehrt. Die Sprengkraft der Energie, wenn sie in Kontakt mit Materie oder anderen Kräften kommt, oder der Seele, wenn sie in Beziehung zur Substanz tritt, ist vollkommen unbekannt. Es wird einer neuen Denkungsweise und neuer wissenschaftlicher Formeln bedürfen, bevor die neue, kommende Wissenschaft von der Heilung des ganzen Menschen ihren Siegeszug antreten kann. Wir aber können auf dem **Forschungsgebiet der menschlichen Energiefelder** bereits wertvolle Entwicklungsarbeiten leisten.

Ich singe das rhythmische Lied vom Menschen,
singe von der schöpferischen Quelle.
Alle Dinge haben ihren Rhythmus und
ihre Bewegung nach Gottes Willen;

doch aus dem Menschen, wenn er
eins geworden ist mit dem **Geliebten,**
kann neue Bewegung, neuer Rhythmus,
neues Leben und neues Beginnen hervortreten.
Denn wenn der Mensch sein Wesen mit
Gottes Wesen verschmilzt, wird er ein Torweg,
durch den das Ganze
zu größerer Ausdruckskraft findet und
wo neue Ereignisse jenseits der bekannten warten.

D. S. 1971

ZUSAMMENFASSUNG

DER ÄTHERKÖRPER

Der Ätherkörper ist ein genaues Ebenbild des dichten physischen Körpers.

Er ist das »Doppel« des physischen Körpers.

Er ist ein Netz von Energieströmen, von Licht- und Kraftlinien. Der Ätherkörper durchdringt den physischen Körper vollständig.

Er ist das innere Gerüst, das jeden Teil des ganzen Menschen trägt.

Er ist das, was die äußere Form bedingt und bestimmt. Der Ätherkörper ist der Träger des Prana oder Lebens.

Er ist der Übertrager der physischen Vitalität.

Er leitet Energieströme von der Seele und der mentalen oder emotionalen Ebene in den physischen Körper; der kräftigste dieser Energieströme kontrolliert jeweils die Aktionen des physischen Körpers.

LITERATUR

Alice A. Bailey: »Telepathie und der Ätherkörper«, Lucis Trust, Genf

Alice A. Bailey: »Eine Abhandlung über Weiße Magie«, Lucis Trust, Genf

Max Heindel: »Die Weltanschauung der Rosenkreuzer«, Darmstadt 1964

S. Karagulla: »Breakthrough to Creativity«; De Vorss, Los Angeles, California, USA

Walter J. Kilner: »The Aura«; S. Weiser Inc., York Beach, Maine, USA

Meek/Harris: »From Seance to Science«, Regency Press, London

A. E. Powell: »The Etheric Double«, London

LEITGEDANKE

»Nicht durch den Willen, sondern nur durch die Ausgießung göttlicher Liebe auf den Kranken können Leiden geheilt werden.«

Der Nazarener

4. KAPITEL

DIE HÄNDE DES HEILERS

Der tibetische Meister schreibt in »Esoterisches Heilen« von A. Bailey: »Man lasse den Schüler den Gebrauch der Hand im Dienen lernen.« Die Hände haben eine besondere Bedeutung, weil ihre Handflächen je ein kraftvolles Nebenchakra aufweisen. Wir gebrauchen unsere Hände, wenn wir

- mit ihnen körperliche Krankheiten durch Energieverteilung behandeln wollen,

- mit ihnen segnen und Bedrückte trösten wollen;

- sie zum Gebet erheben; und wenn wir

- Bewußtseins- und Energieströme während der Fernheilung handhaben wollen.

Der Meister Morya sagt in dem Buch »AUM«:
»Die Hand des Menschen ruft ein wunderbares Feuer aus dem Unendlichen herbei. Du weißt, daß aus einer einzigen Berührung eine Flamme hervorblitzt, die nicht verbrennt.«

DIE HÄNDE SIND DAS WERKZEUG DES HEILERS

Die esoterische Lehre weist den Händen eine wichtige Aufgabe bei der Aufnahme, Verteilung und Handhabung von Energie zu. Energie folgt dem Gedanken. Sie wird vom Ajna-Chakra ausgesandt, und die beiden Hände bilden ein Dreieck, um das die vom Gedanken ausgerichtete Energie fließen kann.

Beim Heilen benützt der Mensch sich selbst als Umformer, indem er aus der höheren geistigen Quelle Energie empfängt, diese durch sich hindurchleitet und sie in Form von Kraft durch seine Hände und Chakras auf den Patienten überträgt.

28

Der Heiler muß sich daher näher mit dem Studium der **Zentren** oder Chakras befassen. Jedes Chakra ist ein strahlendes Kreisgebilde von Licht und Farbe; von den 7 Hauptchakras sind fünf im Bereich des Rückgrats und zwei im Kopf. Sie liegen im Ätherkörper, nicht im physischen, und befinden sich deshalb ungefähr 2 1/2 cm oder mehr außerhalb des physischen Körpers. Jedes braucht zur normalen Tätigkeit einen ausgeglichenen, ununterbrochenen Energiefluß, der in Harmonie mit den übrigen Chakras steht. Jedes Chakra kontrolliert bestimmte Organe und Systeme des physischen Körpers. Der Heiler nimmt Verbindung mit dem höheren Selbst auf und arbeitet von der Seelenebene aus. Er erfühlt dann am Patienten jedes Chakra und die von ihm ausgehenden Schwingungen einzeln nacheinander.

Der Arbeitsgang ist folgender:

1. Prüfung aller Chakras.

2. Feststellung eventueller Störungen.

3. Harmonisierung der Chakras durch Energieauffüllung oder Energieabzug.

4. Abstimmung auf die Bedürfnisse der Seele; denn der physische Körper ist der unwesentlichste Teil, der nur die Energien reflektiert, die ihn von der emotionalen und der mentalen Ebene erreichen. Welcher der feinstofflichen Körper der jeweils mächtigste ist, wirkt bestimmend auf die Handlungen des physischen Körpers auf der äußeren physischen Ebene.

5. Einstimmung auf die inneren Weisungen des höheren Selbst, um die eigentliche Grundproblematik, d. h. die wahren Ursachen der Störung, zu finden.

6. Beachtung der Regel, daß das Augenfällige selten, wenn überhaupt einmal, das eigentliche Problem ist.

7. Herstellung — sofern möglich — der Verbindung vom Patienten zu dessen eigener **Seele**, da die **Seele** der einzige Heiler der äußeren Form ist.

Hierbei werden die **Hände**, wie auch das Ajna-Zentrum, quasi als Geigerzähler oder Detektor benutzt, um Spannungsbereiche zu erfühlen; denn alle Krankheiten beruhen auf Stauungen im Ätherkörper. Die fühlenden Hände sind 15 bis 25 cm — oder bei erfahrenen Heilern in beliebigem Abstand — vom Körper des Patienten entfernt; sie arbeiten nur dann nahe am Körper, d. h. **innerhalb** des Ätherkörpers, wenn eine Wirbelsäulenbehandlung erforderlich ist.

Der Heiler muß feststellen, mit welcher Schwingung die einzelnen Chakras auf die Fühlungnahme antworten. Beim gesunden Menschen schwingt jedes Chakra in Harmonie mit den übrigen, doch ist dieser Vollkommenheitszustand nie gegeben. Nach der Untersuchung des Energiefeldes wird nach Bedarf Energie zu den einzelnen Chakras gesandt. Man merke sich die Organe, die den geschwächten oder überreizten Chakras zugeordnet sind, und untersuche deren Zustand.

Der Heiler und die Gruppe seiner Mitarbeiter sollen immer in *Dreiecken* wirken; denn das Dreieck ist die notwendige Anordnung, wenn ein Energiekreislauf stattfinden soll.

Auch die Dreieinigkeit ist ein Dreieck;
die Heilergruppe bildet ein eigenes Dreieck;
und jedes Mitglied der Heilergruppe, selbst wenn es in dem beschriebenen Abstand von dem vermutlichen Störungsherd des Patienten arbeitet, ist Teil eines wichtigen Energiedreiecks in dessen Ätherkörper.

Technische Perfektion macht nicht den guten Heiler, d. h. den guten Heilungskanal, aus. Wer dem höheren Selbst völlig ergeben ist und als demütiges Werkzeug unter dem Willen des Vaters zu arbeiten bereit ist, wird weit mehr erreichen, auch wenn er über weniger Übung und weniger Wissen der physischen oder esoterischen Anatomie verfügt.

Ein jeder hat die Begabung, als Heiler dienen zu können; aber es gibt viele Bewußtseinsebenen, und jeder von uns ist aufgerufen, sich immer weiter zu einer höheren zu erheben; wir alle empfinden, daß wir noch auf einer zu niedrigen stehen. Es ist vor allem die Liebesfähigkeit, die vollkommene Verschmelzung der Energien von Herz und Bewußtsein, die es zu entwickeln gibt, will man ein tauglicher Heilungsmittler werden.

Unsere Heilungsarbeit kann durch folgende Faktoren *beeinträchtigt* werden:

1. wenn unsere Persönlichkeit nicht koordiniert ist, d. h. wenn Bewußtsein und Intellekt nicht beherrscht sind;

2. wenn wir in einem Gefühl des Getrenntseins oder der Absonderung, einem Gefühl des Beiseitegesetztseins oder Andersseins als die Mitmenschen leben;

3. wenn wir von einer Überzeugung besessen sind. Auch das beste Glaubensbekenntnis birgt Einseitigkeiten in sich;

4. wenn uns Stolz und Ehrgeiz treiben.

5. KAPITEL

DIE WIRBELSÄULE

Im 3. Kapitel haben wir festgehalten, daß der Ätherkörper das Hauptgerüst oder Stützsystem darstellt, auf dem der physische Körper wie ein Mantel auf einem Kleiderbügel aufgehängt ist. Hierzu sagt Frau Dr. Karagulla, die bekannte Neuropsychiaterin:

> »Früher betrachteten wir den physischen Körper als das Primäre. Heute müssen wir eine Kehrtwendung in unserem Denken vollziehen: das Energiefeld ist das Primäre und der dichte Körper das Sekundäre. Sie arbeiten zwar zusammen, aber vermutlich ist das Energiefeld die Matrize und der physische Körper der Abdruck.«
>
> (»The Beacon«, Nov. 1974)

Diese Grundkenntnis, die sich die esoterische Heilweise zu eigen gemacht hat, konnte in vielen Heilungsphasen als zutreffend bestätigt werden. Der eigentliche Beweis für die Richtigkeit einer Theorie erfolgt immer in der Praxis.

Die Wirbelsäule hat eine ähnliche Stützfunktion im physischen Körper, wie die ätherische Wirbelsäule im Ätherkörper — sie liefert das Hauptgerüst für das Knochengefüge und das Zentralnervensystem. Kein Behandler kann darauf verzichten, *bei der Erstuntersuchung* eines Patienten den Zustand der **Wirbelsäule** zu prüfen, was auch immer dessen physische oder psychische Probleme zu sein scheinen. Für den esoterischen Heiler ist es die ätherische **Wirbelsäule,** die es genau zu untersuchen gilt — seine Hände gehen deshalb nicht näher als etwa 15 cm an den physischen Körper heran; ein Ablegen der Kleidung ist nicht nötig.

Die Wirbelsäule vermittelt wichtige *Informationen* über den Zustand des ganzen Systems. Sie untersteht ihrerseits der Kontrolle des **Basis-Chakra.** Der Heiler legt eine Hand auf das Basis-Chakra und führt die andere Hand langsam die ätherische Wirbelsäule hinauf. Durch sensitive Einfühlung erlangt er Auskunft über

- den Zustand der physischen Wirbelsäule, etwaige Mißbildungen oder Verlagerungen;

- das Nervensystem — da alle motorischen oder sensiblen Nerven die Wirbelsäule durchziehen;

- arthritische Zustände — der Wirbelsäule selbst, Fibrose, Gefühlslosigkeit in der Schulter, usw.

sowie über jede Blockade in dem entlang der Wirbelsäule verlaufenden Energiefluß.

Wir erinnern uns des wichtigen Umstandes, daß fünf der **Hauptchakras** auf der Wirbelsäule liegen.

Das Thema Wirbelsäule ist so umfangreich und birgt so viele Schwierigkeiten, daß ein Heiler nur über die **Intuition**, die er durch Meditation entwickeln muß, die wesentlichen Faktoren in Erfahrung bringen kann, die zuerst behandelt werden müssen. **Intuition kann nicht gelehrt werden** — wir müssen selbst auf die Suche gehen und über die Nächstenliebe, den Dienst am Menschen und die Meditation höhere Intelligenzwesen zu unserer Hilfe heranziehen; erst diese Helfer vermitteln uns die Kenntnis und Weisheit, derer wir bedürfen. Es ist unsere Aufgabe,

ein *aufmerksames Ohr* und
ein *ein-gestimmtes Bewußtsein*

zu erlangen, dann wird uns die Mithilfe der »Großen Gemeinschaft des Himmels« zuteil. Und da wir nur Kanäle sind, treten wir wieder zurück und werden **Zuschauer** des Heilungsgeschehens, sofern die Seele des Patienten eine Heilung will. Unsere Rolle ist die leerer Kanäle, die darauf warten, mit der göttlichen Heilkraft gefüllt zu werden; aber aus uns heraus sind wir nichts. Selbst der *Meister Jesus* sagte: »Ich könnte nichts tun, außer es wird mir vom Vater gegeben.« Mehr darüber im Kapitel über die **Ein-Stimmung.**

Um die Wirbelsäule zu untersuchen, beläßt der Heiler also die eine Hand auf dem Basiszentrum und wandert von dort mit der anderen Hand langsam die ätherische Wirbelsäule hinauf. An jeder Stelle, wo ein *Unterschied* in der Schwingung bemerkbar wird, ist etwas vorhanden, das der Korrektur bedarf. Die Hand wandert weiter bis zum Atlas-Axis-Gebiet (Alta-Major-Zentrum im Kopf). Nach dieser ersten Übersicht folgt eine genauere Untersuchung derjenigen Bereiche, an denen Anzeichen einer Störung im ätherischen Feld bemerkbar waren. Schließlich gilt es, die erlangten mannigfaltigen Informationen zu deuten (Ärzte haben oft Mühe wegen zu wenig Information) und festzustellen, *welches* System, welcher Nerv oder Wirbel betroffen sind. Dazu werden die Stellen, um die es sich genau handelt, auf ihren Bezug zu den verschiedenen Chakras geprüft — dasjenige, das die stärkste Vibration ergibt, liefert den Schlüssel für die Störung.
So bedeuten beispielsweise eine starke Reaktion am

Basis-Chakra — Verlagerung oder Mißbildung

Alta-Major — Störung des Zentralnervensystems oder spinaler Nerven (vielleicht Nerveneinklemmung)

Kehl-Chakra — rheumatoide Arthritis der Wirbelsäule

Milz-Nebenchakra — Mangel der Wirbelsäule an Schmierung oder Energie.

Bei ernsten Erkrankungen, wie z. B. bei **Meningitis** (Gehirnhautentzündung), weist der gesamte Wirbelsäulenbereich Entzündungszeichen auf.
Hier seien jedoch nur die Grundzüge dargestellt, damit aus der Zahl der vielen Möglichkeiten die wahrscheinlichste ausgesondert werden kann. Mit zunehmender Erfahrung wird der Heiler die Hauptbeschwerden immer leichter ermitteln können. Nach unserer heutigen, zwar unvollständigen Erfahrung können wir

bereits aussagen, daß kaum ein Mensch eine Wirbelsäule hat, die hundertprozentig in Ordnung ist; jeder Sensitive würde wahrscheinlich beim Durchschnittsmenschen drei oder vier gestörte Wirbelsäulenbereiche feststellen. Oft ahnt der Patient nichts von diesen Störungen, da sie noch nicht das Stadium einer Schmerzhaftigkeit im physischen Körper erreicht haben. Mit unserer Methode können sich anbahnende Beschwerden bereits festgestellt und behandelt werden, *bevor* sie ernsthaft in Erscheinung treten. Dies wird die Grundlage für die vorbeugende Medizin und die Verbesserung der allgemeinen *Gesundheit in der Zukunft* abgeben.

Bei einer Verlagerung, einem eingeklemmten Nerv oder einer Wirbelarthrose ist gewöhnlich ein *Entzündungsgebiet* vorhanden. Bevor man irgendeine Wirbelsäulenkorrektur versucht, muß auf dieses Gebiet Energie eingestrahlt werden, um die Entzündung zu mindern. War die Einstrahlung erfolgreich, so werden die ätherischen Bereiche, die den Händen des Heilers vorher besonders warm vorkamen, nun kühler wirken. Diese Empfindung wird sich sowohl vorn als auch am Rücken des Patienten bestätigen.

BEHANDLUNG IM BEREICH DER WIRBELSÄULE

A. **Verlagerungen** — Korrekturen werden über die ätherische Wirbelsäule vorgenommen. Der Heiler sollte bereits erfahren sein; kein Anfänger sollte sich mit dieser Behandlung versuchen. Wo ein erfahrener Heiler nicht zur Verfügung steht, kann ein *Chiropraktiker* in Anspruch genommen werden. Die Heilungsbehandlung sollte sich auf das Basis-Chakra, das Herz-Chakra und das Milz-Nebenchakra erstrecken, sowie ebenfalls auf das Alta-Major-Zentrum am oberen Ende der Wirbelsäule, falls ein Nerv betroffen ist. Was im Ätherischen zurechtgerückt ist, muß sich folgerichtig im physischen Körper nachvollziehen, obwohl zwischen beiden Vorgängen eine Spanne von ein paar Minuten bis zu mehreren Tagen liegen kann, um die Zeitlücke zwischen dem ätherischen und dem physischen Körper zu überbrücken, was man immer bedenken sollte.

B. **Spinale Nerven** — Häufig findet sich eine Druckbelastung eines spinalen Nerven, was sehr schmerzhaft sein kann; der Nerv unterbricht die ihm obliegende Versorgung eines Organs, Gliedes oder Muskels. Über das Basis-Chakra und das Alta-Major-Zentrum, unter zusätzlicher Heranziehung des Milz-Nebenchakras, kann ein erfahrener Therapeut den Nerv entlasten — sofern das Gelingen der Heilung im Plan der Seele liegt.

C. **Rheumatoide Arthritis** — Bei Wirbelsäulenarthrose wird die stärkste Reaktion im Ätherischen über das Kehl-Chakra zu erzielen sein. Daher muß das Kehlzentrum, als Kausalbereich, zuerst behandelt werden. Dazu gehört die Untersuchung des ganzen Kehlbereichs (Drüsen, Mandeln, Lymphdrüsen), der Lunge, sowie der Nebennieren und der Nieren, was zusammen das Hauptausscheidungssystem des Körpers ausmacht. Wo immer die Ausscheidung blockiert ist, bilden sich Säurestoffe, die sich in den Gelenken ansammeln und zu Arthritis führen können. Hier wirkt eine Anti-Säure-Diät unterstützend, wie eine Diät überhaupt der Schlüssel zu einer Heilung sein kann. Ein mir bekannter Arzt heilte einen chronischen Fall von Arthritis durch Verschreiben einer 21-Tage-Fastenkur, während derer die Säurestoffe ausgeschieden werden konnten, völlig aus. (Fastenkuren sollten, wenn sie länger als fünf Tage dauern, übrigens nur auf den Rat und unter der Aufsicht eines Arztes oder eines qualifizierten Behandlers unternommen werden.)

Sind bereits die Nebennieren oder das Herz in Mitleidenschaft gezogen, so ist auch die **Leber** zu untersuchen.

Rheumatismus kann man über das Kehlzentrum und durch Maßnahmen, die den Lymphstau ableiten, angehen.

Arthritis kann tiefverwurzelte **Ursachen** haben, die auf frühere Leben zurückgehen. Dr. Douglas Baker beschreibt in seinem kürzlich erschienenen Buch »Esoteric Healing«, Teil 1, wie dieser

Makel oder Virus von den lemurischen Zeiten auf uns überkommen ist.

D. Geschmeidigmachung der Wirbelsäulen- und anderer Gelenke — Bei eingetrockneten Zwischenwirbelknorpeln hat sich die Behandlung über das sogen. Milz-Dreieck bewährt, das aus dem Milz-Chakra, dem Milzorgan selbst und dem Sonnengeflecht-Chakra besteht. Dies ist ein sehr wichtiges Chakra-Dreieck des Ätherkörpers, und es empfiehlt sich, ihm bei jedem Patienten, und zwar gleich zu Beginn der Behandlung, seine Aufmerksamkeit zu widmen, da es die Hereinnahme von Energie in das ganze System kontrolliert.

E. Weitere, von der Wirbelsäule aus zu behandelnde Krankheiten:

1. Asthma
tritt bei einer Unreife im Emotionalen auf. Für den Heiler zeigt es sich in der Nähe des Vagusnervs, in der Gegend der 2. und 3. Brustwirbel der Wirbelsäule. Es sind das Alta-Major-Zentrum und die Lunge zu überprüfen.

2. Außer Asthma kann die
Bronchitis Folge eines Entwicklungsmangels sein. Sie entsteht manchmal durch die Zusammenpressung der Wirbelsäule bei der Geburt. Dies ist weder äußerlich sichtbar, noch durch Röntgenstrahlen feststellbar. Ein Sensitiver vermag es aber ohne Schwierigkeiten zu erkennen.

3. **Bei Angstneurosen**
innerer Verkrampfung,
Unruhe und Besorgnis
sind der Vagusnerv, der alle Nerven des oberen Thorax kontrolliert, sowie das Scheitel-Chakra und das Alta-Major-Zentrum zu berücksichtigen. Da das Kopfzentrum mitbetroffen ist, sollte nur ein erfahrener Heiler diese Krankheiten behandeln.

ZUSAMMENFASSUNG DER KAPITEL 3 BIS 5

1. Man finde die **Ursache** im Wirbelsäulensystem; man verschwende keine Zeit auf Behandlung des Symptoms, das selten die ganze Krankheit beinhaltet.

2. Man lasse sich nie durch das auf der Hand Liegende täuschen, sondern suche die verborgene **Ursache im Psychischen.** Es gibt kein Symptom ohne Ursache. Ein Rückenschmerz kann ebensogut die Folge von Angst, Sorge oder emotionaler Erregung wie einer Bandscheibenverlagerung oder dergleichen sein.

3. Man vergesse nie, **daß wir weder kurieren noch heilen;** wir können den Menschen nur durch Anhebung seines Bewußtseins anleiten, sich selbst zu helfen. Die **Seele** ist der eigentliche Heiler der manifestierten Form.

4. Die Heilung geschieht über das **Bewußtsein,** nicht über den Körper. Der Körper trägt zwar ebenfalls zu seiner Korrektur bei, aber allein auf die Heilung durch Anhebung des Bewußtseins kommt es an. Dies ist der Leitgedanke, der das ganze esoterische Heilen durchzieht. Unsere Aufgabe besteht darin, daß wir das Bewußtsein des Patienten zur vierten Dimension erheben, wo er wahre Heilung finden wird.

> *Wer aber lebt in dieser Welt*
> *Mit Sinnen, die ihm untertan,*
> *Gierlos, haßlos, Herr seiner selbst,*
> *Enttrübt den Spiegel seiner Seel'.*
> *Die Lauterkeit der Seel' enthebt*
> *Ihn mehr und mehr des Leides Fron,*
> *So läßt den Weisen unbewegt*
> *Der Dinge und der Wünsche Strom.*

(Bhagavad-Gita, II/64, 65, 70)*

---

*) Alle Zitate aus der Bhagavad-Gita in diesem Buch folgen der Bearbeitung von K. O. Schmidt (»Bhagavad Gita — Das hohe Lied der Tat«), ihr Abdruck geschieht mit freundlicher Genehmigung des Drei Eichen Verlages München + Engelberg/Schweiz.

6. KAPITEL

DER ASTRAL- ODER WUNSCHKÖRPER

Vollbringe darum deine Pflicht
Gelassen, ohne Gier, ohn' Hang!
Wer handelt ohne Leidenschaft,
Erreicht das höchste Ziel, o Held.

(Bhagavad-Gita, III/19)

Die nächste unserer feinstofflichen Hüllen oder Ausdrucksmittel ist der Astralkörper. Er ist eine Ausstattung, die wir uns selbst von früheren Lebensreisen mitgebracht haben, wie ein Kostüm, das, entsprechend dem Niveau unserer früheren Existenzen, aus gutem oder mittelmäßigem Stoff sein kann. Es gibt keine problematischen Gefühlsregungen, die wir uns nicht selbst aufgebaut hätten; und so liegt es an uns, die Qualität unseres Gefühlslebens innerhalb der uns jetzt auf der Erde gebotenen Gelegenheit anzuheben, damit wir das nächste Mal mit einem neuen Fahrzeug antreten können, nicht mit einem längst überholten Oldtimer. Der Mensch ist die Summe seiner Wünsche.

Wesentliche Merkmale des Astralkörpers:

- Der Astralkörper ist ein Energiezentrum bzw. der Speicher für besondere Kräfte.

- Er besteht aus Atomen einer besonders hohen Schwingungszahl, die bestimmte, für einige Menschen sichtbare Färbungen aufweisen.

- Die Qualität des vom Astralkörper ausgesandten Lichts hängt von dem Entwicklungsstand des Individuums ab.

Leben und Gesundheit der meisten Menschen werden im wesentlichen vom Astralkörper geprägt. In ihm spielt sich die Reaktion des unseren Mittelpunkt bildenden Selbst auf unsere Wünsche ab und wird als Emotion oder Gefühl, als Freude oder Schmerz, Liebe oder Haß, usw. erfahren.

Der tibetische Meister sagt in dem Buch »Esoterisches Heilen«, daß der Astral- und der Ätherkörper zu 90 Prozent für die Entstehung physischer Krankheiten verantwortlich sind. Und zwar wird der physische Körper zur **Marionette desjenigen inneren Körpers, der am stärksten ausgeprägt ist.**

Zwei verschiedene Energieströme beeinflussen die Prozesse auf der physischen Ebene:

1. **Der Lebensstrom selbst,** der im Herzen verankert ist; dieser bestimmt des Menschen Lebenskraft, Arbeitsvermögen und Lebensdauer.

2. **Die jeweils vorherrschenden eigenen Energiequalitäten,** die im **Kopf** verankert sind und aus dem Astralkörper, dem Mentalkörper und dem Seelenkörper stammen können. Diese wirken sich bestimmend auf das Leben der physischen Ebene aus.

Bei den **Massen** ist — neben dem Lebensstrom — die Astral- oder Wunschenergie vorherrschend, die von höherem oder niedrigerem Niveau sein kann.

Bei der **denkenden Allgemeinheit** kommt zu diesen beiden Strömungen — je nach Entwicklungsstand des einzelnen — ein bestimmtes Maß an aus dem Mentalen herrührender Energie hinzu.

Bei den **Gebildeten** und denen, die nach Bildung streben, erreichen diese drei Strömungen einen Zustand der Ausgewogenheit und führen so zu einer integrierten Persönlichkeit. Zu diesem Kreis gehören die Mystiker und die Schöpferischen, die sich ihrer Verbindung zum Geistigen und Energieflusses aus der Seelenebene bewußt sind.

Die **geistig Strebenden oder Jünger** sind diejenigen, deren Persönlichkeit nur von der Seele beherrscht und deren drei niedere Ausdrucksmittel (das mentale, emotionale und physische) zunehmend dem höheren Selbst untergeordnet werden.

Der Heiler muß übrigens wissen, daß die Gruppe der Jünger eine andere Behandlung braucht als der durchschnittliche Patient (vgl. das Kapitel über die Jüngerkrankheiten im »Esoterischen Heilen« von Alice Bailey), da deren höhere Chakras möglicherweise zum ersten Mal mit der Anziehung von Energie befaßt und dadurch überfordert sind. Bei Jüngern hat es wenig Wert, **nur** den physischen Körper zu behandeln; durch die Verabreichung von Medikamenten kann im Gegenteil sogar Schaden angerichtet werden. Im einzelnen sei auf Dr. Bakers »Esoteric Healing« verwiesen.

Die bisher bekannten Therapien scheitern im wesentlichen deshalb, weil Ärzte und Heiler

- weder Ausmaß und Hauptsitz des Übels zu beurteilen noch dessen Hauptursache in einem der verschiedenen Körper zu lokalisieren vermögen;

- nicht danach fragen, auf welcher Stufe der geistigen Entwicklung der Patient steht und wo folglich die **Ursache** für das Übel zu vermuten ist;

- überhaupt zwischen Krankheit und Krankheitsursache nicht unterscheiden — wie wir in Kapitel 2 gesehen haben, kann die Krankheitsursache im Karma, der Vererbung oder aber im Gruppen- oder Planetenschicksal begründet sein.

- nicht unter den vielen, zur Verfügung stehenden Therapien die passende für den Einzelfall auswählen, z. B. Allopathie, Homöopathie, Radionik, Verabreichung von Bach-Heilmitteln, Akupunktur, Geistheilung, Psychologie, Vermittlung von Seelenkraft, Chiropraktik, äußerliche und/oder innere Behandlung.

Oft werden mehrere dieser genannten Methoden nebeneinander anzuwenden sein. In dem Buch »The Vision of the Nazarene« — Die Vision des Nazareners — sagt der Meister Jesus: »Die JENSEITIGEN Kräfte des Guten haben dem Menschen verschiedene

Heilmethoden kundgegeben, die sich nicht gegenseitig aus-
schließen, sondern ergänzen sollen. Sie alle sind wertvoll und
enthalten einen Teil der Wahrheit, aber nicht **eine** von ihnen ist
die ausschließliche Wahrheit. Deshalb darf niemand auf sein
Wissen stolz sein, sondern soll nach allen Seiten offen bleiben zu
lernen, zu geben und zu empfangen.«

Der moderne Mensch ist die Summe dessen, was sein Wunsch-
oder Astralkörper aus ihm macht. Mit seinen Verlangen, Gelü-
sten, Launen, Gefühlen und Sehnsüchten formt er den physischen Körper und lenkt ihn zur Erfüllung der Wünsche. Sind
diese vornehmlich animalischer Natur, so werden starke körperliche Begierden vorherrschen und das Leben nur dazu dienen,
diese Begierden zu stillen. Ist das Verlangen mehr auf Bequem-
lichkeit und äußeres Glück gerichtet, so haben wir einen Menschen mit sinnlichen, Schönheit und Vergnügungen liebenden
Neigungen vor uns, der sich im wesentlichen die eigenen Ansprü-
che zum Maßstab macht. Bei höher entwickelten Menschen
kommt der Wunsch auf, jenseits persönlicher Befriedigung der
Gruppe oder der Art zu dienen; diese Menschen sind bereit, der
Erde zu dienen, ob sie sich dessen bewußt sind oder nicht.

Der Astral- oder Wunschkörper ist der Äußerungs- oder Erleb-
nisbereich, in dem sowohl auf von außen kommende Eindrücke
als auch auf die Wahrnehmungen der fünf Sinne reagiert wird.
Die Motivierung entscheidet über die Qualität des Astralkörpers.

AUSWIRKUNGEN VON DISHARMONIE DES
ASTRALKÖRPERS

Die Chakras des Ätherleibes, die am stärksten von Disharmo-
nien des Astralkörpers betroffen werden, sind das Solarplexus-
Zentrum (Sonnengeflecht) und das Kreuzbeinchakra, deren hö-
here Entsprechungen das Herzchakra und das Kehlchakra sind.
Diese Chakras kommen für eine mögliche Behandlung je nach
Entwicklungsstand des Patienten in Frage.

Gefühle wie Besorgnis und Ängstlichkeit können Magenge-schwüre hervorrufen. Unnachgiebigkeit und fanatische, dogma-tische Ansichten begünstigen die Entstehung von Versteifungen im Körper, wie z. B. Arthritis; Haßgefühle und Groll können letztendlich zu Krebs führen. Asthma ist die Reaktion des Kör-pers auf emotionale Probleme, die zwar nach außen hin nicht als Störung des Astralkörpers, sondern als Symptome des physi-schen Körpers als des »Abfallbehälters« der übrigen Körper in Er-scheinung treten. Angriffslust oder Streitsucht können schließ-lich zu Schlaganfällen, Blutstauungen oder Lähmungen führen. Übellaunigkeit greift Herz und Nervensystem an; innere Ver-krampfungen begünstigen Infarkte der Herzkranzgefäße. Die verbreitetste Astralenergie, die im nächsten Kapitel kurz bespro-chen werden soll, ist Angst und Furcht.

Der Heiler sollte sich im intuitiven Erfassen der Krankheitsur-sache üben, beispielsweise ob etwa eine Lähmung durch Irrtü-mer vergangener Lebenszeiten verursacht ist und die Seele viel-leicht die Zeit für gekommen hält, eine Schuld zu begleichen. In solchen Fällen mag eine körperliche Heilung ausgeschlossen sein; aber dem Patienten kann sehr geholfen werden, wenn er, was viel wesentlicher ist, bewußtseinsmäßig den Grund für den Zustand seines Körpers erkennt.

Der Mensch muß lernen, die Kraft seines Mentalkörpers zur Kontrolle und Harmonisierung seines Astralkörpers einzuset-zen. Er muß danach streben, diesen zu einem lebendigen, lieben-den, harmonischen, anpassungsfähigen und empfänglichen Aspekt seines ganzen Seins zu machen. Mit Hilfe des Astralkör-pers lernt er lieben, und Liebe ist das Geheimnis glücklichen Le-bens und das Öl, das jede Verletzung und jeden Haß lindern kann. Erst wenn wir bereit sind, unseren Nächsten zu lieben wie uns selbst, wird die Welt sich wandeln.

7. KAPITEL

ANGST UND DEPRESSION

Das Gefühl der Angst teilen wir mit der ganzen Menschheit; zu irgendeiner Zeit haben wir es alle in irgendeiner Form gekannt, ob wir es uns eingestehen oder nicht. Furcht ist ein notwendiges Element des Bewußtseins, denn sie wirkt wie ein Schutz und bewahrt den Körper vor übermäßigen Gefahren. Angst ist eine natürliche Reaktion, deren sich niemand zu schämen braucht und die uns zur Warnung oder als Schranke, die wir nicht überschreiten sollten, dienen kann. Angst ist ein lebenswichtiges Element der menschlichen Natur; denn eine furchtlose Person kann, wenn sie unvorsichtig ist, auch andere gefährden.

Für die meisten von uns ist Angst die vornehmste aller unserer persönlichen Hemmungen. Sie kann in eine ungesunde Furcht ausarten, die jede Handlungsfreiheit unterbindet und selbst die Entwicklung, das Wachstum und die Initiative im Leben des einzelnen zum Stillstand bringt.

Häufige Arten der Furcht sind

- die Angst vor Dunkelheit, vor Unbekanntem;

- die Angst vor dem Verlust . . . eines lieben Menschen, von Gesundheit, Geld, Beliebtheit oder Freundschaft;

- die Furcht vor dem Versagen: keine Anerkennung im Geschäftsleben oder bei dem anderen Geschlecht zu erlangen, usw.

- die Todesangst (vgl. Kapitel 8).

Derartige Ängste können situationsbeherrschend sein und glückliche Augenblicke verdunkeln. Sie können den Menschen daran hindern, sein wahres Erbe anzutreten, nämlich Leben und Freiheit. Hierzu schreibt Meister D. K.:

»Der Mensch wird von Furcht gequält — um sich selbst, um seine Familie, um sein Volk und seine Rasse. Aber er ist wohl ausgerüstet, dieses Problem zu bewältigen, und zwar mit Hilfe der Dreiheit seiner Körperhüllen und der Dreiheit der Kräfte seiner **göttlichen Seele** . . .; denn die Seele ist allwissend und allmächtig.«

Einem Patienten über die Hürde der Angst geholfen zu haben, ist ein großer Erfolg. Der Heiler kann das Vorliegen einer Angst lediglich **erfühlen,** ihre Ursache vorsichtig vom Patienten erfragen und vor ihm ausbreiten und dann die beste Behandlung intuitiv bestimmen. Nach der Erfahrung der Verfasserin können Blüten-Heilmittel nach Dr. Bach bei Angstzuständen von großer Hilfe sein, wesentlich jedoch ist die Bewußtmachung der Ängste.

Oft kann Furcht Krankheitszustände heraufbeschwören, die sonst nicht bestehen würden. Dies wird deutlich am Beispiel des Krebses, da die Mehrzahl der Geschwülste *nicht* bösartig ist, unsere Krebsangst sie aber bösartig machen kann. Krebs ist, ähnlich wie Warzen, eine emotional-bedingte Krankheit, die oft nicht das ängstliche Interesse, das man auf sie verwendet, verdient. Eine bejahende, frohe Lebenshaltung ist nach Ansicht der Heiler eines der besten Mittel gegen den Krebs. Krebs ist bekanntlich eine der auf dem ganzen Planeten verbreiteten Krankheiten, die viel schneller verschwinden würde, wenn Feuerbestattung vorgeschrieben wäre, die den Körper des Planeten reinigen hilft.

Das beste Mittel gegen Furcht ist, sich der Gegenwart Gottes bewußt zu werden und das weiße Licht des Geistes in dem Bewußtsein zu sich herabzuziehen, daß nichts geschehen kann, das nicht im Plan der Seele liegt, sondern daß wir selbst dasjenige anziehen, dessen wir zu unserer Entwicklung bedürfen. Wir haben *nichts zu fürchten;* wir sind unsterblich und wir haben nichts zu verlieren. Alles ist im Plan beschlossen und alles ist vollkommen! Wir werden gerade so lange auf Erden bleiben, wie unsere Seele es will. Wir sind ein Teil des größeren **Ganzen**, des **Einen** Lebens. Jesus erkannte das Problem, als er seine Jünger lehrte:

»Vollkommene Liebe treibt die Furcht aus.« Es ist ausgeschlossen, jemanden zu lieben und zugleich zu fürchten — und doch wissen wir, daß diese Erkenntnis unendlich schwer in die Tat umzusetzen ist. Furcht, Besorgnis und Ängste können allein mit Hilfe der **Seele** überwunden und vertrieben werden; hierzu muß der einzelne gezielt in der Meditation danach streben, das niedere Selbst mit dem höheren Selbst zu verbinden, bis es ihm gelingt, die Antahkarana- oder Regenbogen-Brücke ins Geistige Reich der Liebe und Weisheit zu schlagen.

DIE DEPRESSION ODER NIEDERGESCHLAGENHEIT

Die Depression ist wie ein Nebel, wie eine schädliche Ausdünstung, die den Menschen einhüllt und es ihm unmöglich macht, klar zu sehen, sicheren Schrittes zu gehen und die Wirklichkeit zu erkennen. Niedergeschlagenheit ist ein Teil der großen astralen Illusion. Ihre Ursache kann im Astralen oder Physischen, und zwar sowohl in weltweiten als auch persönlichen Umständen begründet sein. Niedergeschlagenheit ist der Furcht nahe verwandt.

Zu den häufigsten Ursachen der Depression gehören:

A. **weltlicher Glanz:** Wer unschuldig in den Strudel weltlicher Begierden gestürzt ist, erwacht ausgelaugt und enttäuscht;

B. **astrologische Einflüsse**, die sich — was oft übersehen wird — nicht nur auf das Leben des einzelnen, sondern eines ganzen Volkes oder des ganzen Planeten auswirken können.

C. **der Sonnenstand am Himmel:** der Strahlungseinfluß der Sonne ist im Herbst und in den frühen Wintermonaten gemindert.

D. **die dunkle Mondphase,** d. h. die letzten Tage des abnehmenden Mondes und der junge Neumond. Diese Phase beeinflußt bekanntlich die Meditationsarbeit.

E. **äußere Einflüsse auf die Psyche infolge Massenanhäufungen** der sich in Sonnennähe auflösenden Himmelskörper, welche das Auftreten von Grausamkeit und Gewalttätigkeit begünstigen (vgl. Alice A. Bailey: »Eine Abhandlung über Weiße Magie«).

F. **die astrale Ausrichtung des Menschen:** So lange sich der Mensch mit seinem emotionalen oder Wunschkörper, seinen Stimmungen, Gefühlen, Wünschen identifiziert (astral »gepolt« ist), wird er seine Momente der Verzweiflung, des Zweifels und der Niedergeschlagenheit haben. Der Welt-Jünger **Arjuna** hatte dies wohl erkannt und verfiel dennoch in Verzweiflung. Aber in der Stunde seiner Not verließ ihn Krishna nicht, sondern schenkte ihm in der **Gita** jene einfachen Regeln zur Überwindung von Zweifel, Niedergeschlagenheit und Angst:

REGELN AUS DER BHAGAVAD-GITA

- Erkenne dich selbst als das Unsterbliche Eine;
- Beherrsche dein Bewußtsein, denn durch das Bewußtsein kann das Unsterbliche Eine erkannt werden;
- Erkenne, daß die Form nur der Schleier ist, der den Glanz der Göttlichkeit verbirgt;
- Erkenne, daß das **Eine Leben** alle Formen durchdringt, so daß es keinen Tod, kein Leiden und keine Trennung gibt;
- darum löse dich von den Erscheinungen der Form und komme zu **Mir;** so wirst du dort wohnen, wo Licht und Leben zu finden sind und die Illusion vergeht.

Die Depression ist oft von folgenden Umständen begleitet, in die der Behandler vielfach sofort helfend eingreifen kann:

1. Erschöpfung des Äther- oder Vitalkörpers. Hier wird die Stärkung des aus drei Punkten bestehenden sogenannten Milz-Dreiecks Erleichterung bringen.

2. Erkrankung des physischen Leibes, die angeboren, unfallbedingt, kosmisch usw. sein kann.

3. Atmosphärische Einflüsse — Diese sind nicht leicht faßbar und betreffen Kinder mehr als Erwachsene, da die Kinder erst jüngst aus harmonischeren Sphären in die irdischen Bedingungen versetzt worden sind. Nicht nur eine negative psychische Atmosphäre kann sehr schädlich für Kinder sein. Auch die Art des Klimas, die atmosphärische Dichte, sowie Feuchtigkeit oder Trockenheit, Hitze oder Kälte, bleiben nicht ohne bestimmte Wirkungen auf die psychische Verfassung.

Wie gesagt, bilden die beiden astralen Kräfte Angst und Niedergeschlagenheit für den Menschen die ersten Aspekte des Hüters der Schwelle, und der Tibetische Meister gibt uns folgende Verhaltensmaßregel:

»Wir müssen uns ihnen stellen und sie nicht durch die All-Gewalt der Seele überwinden wollen, sondern durch das All-Wissen der Seele, das über das menschliche Bewußtsein wirkt.«

Gegenmittel bei Depression des Durchschnittsmenschen:

1. die Dr. Bach-Blütentherapie

2. Geistheilungsbehandlung des Sonnengeflecht-Chakras und des ätherischen Nervensystems zur Beruhigung der feinstofflichen Körper;

3. psychologische Behandlung als Hilfe für den Mentalkörper, damit dieser die Kontrolle über den Astralkörper gewinnt.

LITERATUR

Dies können nur kurze Hinweise auf ein umfassendes Thema sein. Zur weiteren Vertiefung seien folgende Bücher empfohlen:

Alice A. Bailey: »Eine Abhandlung über Weiße Magie«, Lucis Trust, Genf

Alice A. Bailey: »Esoterische Psychologie I und II«, Lucis Trust, Genf

Michal Eastcott: »Fear, Its Cause etc.«, M. Eastcott, Sundial House, Neville Court, Tunbridge Wells, Kent, England

Wer nichts verlangt, nichts haßt, nicht giert,
Der übt im Tun das Nicht-Tun schon,
Wer, wirkend, nicht den Sinnen folgt,
Bleibt von der Taten Folge frei.

(Bhagavad-Gita, V/3)

8. KAPITEL

TOD UND WEITERLEBEN
NACH DEM TODE

Du sprichst nicht schlecht, doch trauerst du
Um die, die nicht betrauernswert.
Nie war die Zeit, da ich nicht war
Und du und dieser Fürsten Schar,
Noch werden jemals wir nicht sein.
Ewig sind wir — der Gottheit gleich.

(Bhagavad-Gita, II/11—12)

Tod, wo ist dein Stachel?
Hölle, wo ist dein Sieg?

(1. Korinther 15, 55)

Der **Lebenswille** ist eine wichtige treibende Kraft im Ich zu dessen Überleben; er ist ein gesunder und notwendiger Instinkt, der zur Sicherung und zum Schutz bei Krisen, Notfällen oder Überlastung dient. Dieser Instinkt hat eine Beziehung zu den dem Basis-Chakra unterstellten Nebennieren, die im Falle besonderer Beanspruchung das Adrenalin und mit ihm eine bestimmte Energie freigeben, welche als Gegenmittel wirken und Lebenswillen und -kraft stärken können.

Bei **Selbstmordneigung** ist der Überlebenstrieb geschwächt, was eine dauernde Gefährdung des Betreffenden mit sich bringt, falls ihn Überforderungen übermannen oder er aus ihnen fliehen will. Bei Selbstmordneigung sind erstens die Chakras zu behandeln, um der Erschöpfung zu begegnen; außerdem muß dem Patienten aber der Sinn dieser Inkarnation erklärt werden, nämlich, daß die Seele sich in den irdischen Lebensphasen zu entwickeln

50

und Erfahrungen zu sammeln sucht und sich die Bedingungen hierzu, z. B. die leiblichen Eltern, die Umwelteinflüsse und den Lebensweg, selbst erwählt hat.

Alle **Angst**neurosen wirken sich nachteilig auf das Blut aus, so daß es die Ursachen der Angst zu entdecken gilt.

Ursache der **Todesangst** ist die Unwissenheit; Todesangst ist eine schleichende Bedrohung des Überlebenstriebes und zehrt die Lebensenergien auf. So ist es unsere Pflicht, den Patienten darüber aufzuklären, daß wir notwendig unseren Tod **überleben.** Auch wer vor kurzem einen lieben Menschen verloren hat und darüber in Krankheit oder Depression verfallen ist, kann durch eine derartige geistige Belehrung Hilfe erlangen. Die Erkenntnisse über die Seele sind ausführlich in »Esoterische Psychologie I« von Alice Bailey dargestellt.

Immer mehr heute lebende Menschen vermögen Erinnerungen an frühere Leben wachzurufen, in denen sie vielleicht anderen Ländern oder Völkern angehörten. Bis zur Jahrhundertwende wird die Naturwissenschaft nicht nur die Existenz des bereits bekannten Ätherkörpers, sondern auch weitere, feinstofflichere Körper nachweisen, und immer mehr Menschen werden mit der Fähigkeit zur Hellsichtigkeit im ätherischen Bereich geboren werden. Damit wird die bisher noch so weit verbreitete Angst vor Tod und Auslöschung verschwinden. Der Schüler der esoterischen Wissenschaft weiß bereits: **Es gibt keinen Tod,** sondern nur die Übertragung des Bewußtseins von einem verbrauchten Körper auf einen anderen, feinstofflichen; dieser Vorgang ähnelt dem uns geläufigen Übergang vom Schlafen zum Erwachen. Schon heute leben viele Menschen als Bürger beider Welten; sie suchen im Schlafzustand bewußt ihre geistige Heimat auf, wirken dort über Nacht und kehren beim morgenlichen Aufwachen in ihren physischen Körper zurück. Auf diese Weise ist viel Erleuchtung und wissenschaftliche Erkenntnis auf uns gekommen, die mit wachsender Höherentwicklung der Menschheit immer weiter verbreitet und bekannt werden wird.

Den Vorgang der Vernichtung, der so sehr gefürchtet wird, gibt es nicht, außer in Fällen gewaltsamen und plötzlichen Todes, und dann sind die einzigen Unannehmlichkeiten die momentane Überwältigung durch ein Gefühl unmittelbarer Gefahr und Zerstörung und von etwas, das einem elektrischen Schlag gleichkommt, sonst nichts.

Für den **Unentwickelten** bedeutet der Tod Schlaf und Vergessen, denn der Geist ist nicht wach genug zum Handeln, der Speicher der Erinnerung ist praktisch leer.

Für den **guten Durchschnittsbürger** bringt der Tod eine Weiterführung des Lebens mit allen bisherigen Interessen und Zielen auf der Ebene des Bewußtseins. Das Bewußtsein ist dasselbe und unverändert. Er fühlt keinen großen Unterschied; er ist gut versorgt, und oft ist er sich nicht einmal dessen bewußt, daß er hinübergegangen ist.

Für den **Bösen und Selbstsüchtigen** kann es eine erdverhaftete Periode nach dem Tode geben. Die Erdgebundenheit seiner Begierden zwingt ihn, nahe bei der Erde zu bleiben. Er versucht verzweifelt, wieder Kontakt zu den Irdischen zu gewinnen und ihnen zu erscheinen.

Für den **geistig Strebenden** bedeutet der Tod den unmittelbaren Eintritt in Lebens- und Arbeitsbedingungen, an die er schon gewöhnt ist und die er sofort als **vertraut** wiedererkennt. Im Schlafzustand hat er diesen Bereich des Dienens und Lernens bereits erschlossen. Er wirkt hier nun — um in irdischen Zeitbegriffen zu sprechen — rund um die Uhr.

Noch ehe das *nächste Jahrhundert* vergangen ist, werden wir schließlich den Tod in dem Sinne, wie wir ihn heute betrachten, als nichtexistent ansehen; denn das Dauerbewußtsein von den zwei Welten wird allgemein unter den Menschen entwickelt sein, und so viele Hochentwickelte werden gleichzeitig in beiden Welten wirken, daß die alte Furcht verschwinden wird. Wir sind zum Lernen aufgerufen.

DER ASTRALKÖRPER

Unser Astralkörper entspricht dem, was wir in früheren Leben aufgebaut haben. Er kann auf Energien oder Ausstrahlungen auf dreierlei Weise reagieren oder antworten:

A. **Emotional** — Unser Astralkörper kann durch die Ausstrahlung der ihn umgebenden Astralkörper, sowohl einzelner als auch von Gruppen, zu Reaktionen hingerissen werden. Wir sollten daher jeweils prüfen, ob wir nur auf die Ausstrahlung eines Menschen reagieren oder ob wir wirklich seinen Bedürfnissen begegnen.

B. **Einfühlungsmäßig** — Wir haben unser Einfühlungsvermögen dazu erhalten, daß wir es nutzen; ein Jünger muß zwischen emotionaler und einfühlsamer Reaktion unterscheiden lernen.

C. **Gleichgültig** — Wir können mehr oder weniger aufmerksam, bis hin zur völligen Gleichgültigkeit gegenüber Begegnungen sein.

Es werden jeweils eine oder mehrere der aufgezählten Verhaltensweisen vom Astralkörper gewählt.

Der geistig Strebende sucht so zu reagieren, wie es die Seele verlangt; dazu bedarf es völliger **Loslösung** vom Emotionalkörper und der Fähigkeit, sich von rein empfindungsmäßigen Eindrücken *willentlich* distanzieren zu können — damit man wirksamer dienen und verständnisvoller lieben kann, denn Liebe und Gefühlsaufwallung (Emotion) sind bei genauem Betrachten *nicht* dasselbe. Wie kann man dieses Ziel erreichen?

Der Tibetische Meister lehrt uns, daß wir als wichtigstes das Gesetz der **Widerstandslosigkeit** zu befolgen haben. »Ich sage euch, wer die Gewaltlosigkeit als aktive, nicht nur als passive Lebenshaltung verwirklicht, hat die Stufe erreicht, die zum Tor der Einweihung führt« (vgl. Alice Bailey, »Weiße Magie«).

Das klingt sehr einfach. Aber wer diese Gesinnung erlangt hat, muß auch lernen, sie im rechten, verständnisvoll-liebenden Denken, im rechten beherrschten Sprechen und im rechten, von der Widerstandslosigkeit getragenen Handeln zum Ausdruck zu bringen. Die Übung der allabendlichen Rückschau wird sich als eine große Hilfe erweisen.

Wir werden an uns beobachten, wie all unsere Fähigkeiten zur Entfaltung gelangen; und daß Widerstandslosigkeit nicht aus Schwäche oder sentimentaler Zuneigung, sondern aus tieferer Erkenntnis und dem Beherrschtsein der irdischen Persönlichkeit durch die Seele erwächst.

Deshalb muß der Heiler **mit der Energie der Seele arbeiten,** frei von den Verstrickungen des Astralkörpers.

In dem **Alten Buch der Regeln für Schüler [Chelas]** heißt es: »Der Schüler wirkt mittels dieser drei Energien, nämlich der Sprache, des Gedankens und der Absicht — sofern er sie mit Verständnis und gemeinsam mit den erwachenden Kräften seines Bruders, dem er helfen will, einsetzt.«

DAS BEKENNTNIS DES JÜNGERS

Ich bin ein kleines Licht in einem größeren Licht.
Ich bin ein Tropfen Liebeskraft im Strom der Gottesliebe.
Ich bin ein Funken Opferglut im Feuerwillen Gottes.
Und dies gelobe ich.

Ich bin ein Weg, der Menschen weiterführen kann.
Ich bin ein Quell der Stärke, der ihnen Stand verleiht.
Ich bin ein Strahl des Lichts, der ihren Weg erhellt.
Und dies gelobe ich.

Und also stehend, wirkend
Helf' ich den Menschen auf dem Weg
Im Wissen um die Wege Gottes.
Dies gelobe ich.

9. KAPITEL

DER MENTALKÖRPER

Grundgedanke: *»ENERGIE FOLGT DEM GEDANKEN.«*

(Regel der Geheimwissenschaften)

»Wie ein Mensch im Herzen denkt, so ist er.«

Der Mentalkörper ist das vierte Hilfsmittel, das der Seele zur Verfügung steht. Die bereits besprochenen drei Hüllen, nämlich der dichte physische Körper, der Ätherkörper und der Astral- oder Wunschkörper, bilden mit dem Mentalkörper eine Einheit.

Nur etwa 5 bis 10 Prozent aller Krankheiten unserer Zeit haben im Mentalkörper oder -bewußtseinszustand ihren Ursprung. Der Tibetische Meister weist darauf hin, daß die so oft wiederholte Behauptung, daß das denkende Bewußtsein die Ursache aller Krankheit sei, heute noch **nicht** zutrifft. In einigen hundert Jahren mag dies so sein, aber gegenwärtig ist der Mensch noch derart gefühlsbetont, daß die meisten Ursachen für seine Krankheiten im Emotionalen liegen.

Allerdings kommt es häufig zu einer **Überstimulierung** des Mentalkörpers, was wiederum die physische **Lebenskraft auslaugt;** dieser Zustand wird zwangsläufig zur Ursache

1. **von Erkrankungen des Blutes** und der Herzkranzgefäße, sowie

2. **von sogenannten Geisteskrankheiten.**

Es handelt sich hierbei um **Überforderungen** des Mentalkörpers, die nicht ohne Wirkung auf den physischen Körper bleiben, sofern nicht die Kräfte der **Seele** eingreifen und das denkende Bewußtsein zur Ruhe bringen.

56

Der Mensch, der sein Bewußtsein nicht im Zaume zu halten vermag, gleicht einem Wagenlenker, dessen Pferde in vollem Galopp durchgehen. Zwar hat man uns von Kindheit an dazu angehalten, unser Gehirn und unser Denken zu gebrauchen; aber man hat uns nicht gelehrt, wie man das denkende Bewußtsein **beherrscht**. Die mangelnde Bewußtseinsbeherrschung ist unser Problem; daher das wachsende Verlangen nach Yoga und anderen Praktiken der Entspannung und Meditation — weil der denkende Mensch die Gefahren erkennt, die ihn auf diesem Gebiet erwarten, falls er es ohne festen Halt betritt.

Gedanken sind reale Dinge, sie sind »begabt mit Körper, Atem und Flügeln«. Alle stofflichen Erscheinungen sind gestaltgewordene Gedanken. Wir leben in einer Welt der Gedanken: eine Stadt zum Beispiel oder ein Gebäude sind die Vorstellungen eines Architekten oder Planers, die nachträglich in Zement und Stein gefaßt wurden. Der Gedanke ist der Baustoff des Universums. Peter Howard sagt richtig: »Gedanken haben Beine«. Wir sind in unsere Gedanken gekleidet, und die Güte und der Aufbau unserer Energien richten sich nach den Vorstellungen, die wir ersinnen.

Folglich erschaffen wir unseren Mentalkörper selbst aus demselben Grundstoff, den wir auch für unsere Denkabläufe verwenden; dieser formt unsere Intelligenz und unsere Urteilskraft und bildet unsere Lebensgrundlage.

Die Qualität des Mentalkörpers ist als Farbe in der **Aura** sichtbar: als helles Grün für den niederen Mentalkörper und als das von den Mathematiklehrern des alten China getragene Mandaringelb für den höheren Mentalkörper.

Die gestaltende Kraft unserer Gedanken schafft die **Basis für unser gesamtes Denken** und damit den Hintergrund für unsere schöpferischen Fähigkeiten und unsere Intelligenz. Diesen Grundzustand des Bewußtseins tragen wir wie einen Mantel oder wie eine persönliche »Lufthülle« mit uns, wohin wir auch gehen. Er ist höchstpersönlich und unverwechselbar wie ein Fingerabdruck.

Die Ursache vieler Gesundheitsprobleme liegt in diesem mentalen Bereich. Die Fixierung auf ablehnende Verhaltensmuster führt zu einer Störung der normalen Körperfunktionen, indem sich die verneinende Grundhaltung gleichsam mit photographischer Genauigkeit auf den Körper projiziert und solche Symptome hervorbringt, die die Angst, Niedergeschlagenheit oder kritische Zurückhaltung körperlich widerspiegeln. In schwerwiegenden Fällen kann diese zu **Geisteskrankheiten** führen, nämlich meist dann, wenn die normale Koordination zwischen Vernunft und Handeln, zwischen Gedanke und Tat, die beides aufeinander abstimmt und auf einen nützlichen Zweck ausrichtet, versagt.

Viele Krankheiten haben demnach ihren Ursprung in einem bestimmten Bereich bewußtseinsmäßiger Fixierungen, die es im Einzelfall intuitiv zu erfassen gilt. Selbst ein Autounfall wird meist durch einen Bewußtseinszustand gestörten Urteilsvermögens oder verminderter Konzentration, in dem die Gedanken von der Straße abgelenkt sind, verursacht sein.

In Wahrheit lebt der Mensch durch sein Bewußtsein und nicht durch seinen Körper, der nur ein Zubehör des Bewußtseins ist. Jegliche Mißklänge oder Disharmonien des Bewußtseins wirken sich daher schließlich physisch in dem als Auffangbehälter für derartige Abfälle dienenden Körper aus.

Schmerz ist der über die Nerven geäußerte Schrei des Körpers nach Aufmerksamkeit; reagieren wir aber auf den Schmerz mit Angst, so werden die betreffenden Symptome eher verschlimmert oder gar ein Zusammenbruch oder großes Unheil heraufbeschworen. Der Abendländer ist besonders schmerzempfindlich, während der Chinese viel Schmerz ertragen und der Yogi sein Bewußtsein sogar so weit beherrschen kann, daß er die Schmerzempfindung bewußt aufzuheben vermag.

Es ist wichtig, **die Beziehung unserer verschiedenen Hüllen oder Körper** zu Vorgängen des physischen Körpers zu kennen.

A. Das Nervensystem des heutigen Menschen wird im wesentlichen vom Astralkörper unter Zwischenschaltung des

Ätherkörpers geregelt; folglich liegen die Ursachen der meisten Nervenleiden im emotionalen Körper, da der größte Teil der Menschheit heute astral ausgerichtet (»gepolt«) ist.

B. Das Kreislaufsystem wird im wesentlichen vom Ätherkörper geregelt, es sei denn, daß eine physische Überforderung Herz und Blutsystem belastet.

Die Ursache der meisten heute so schnell zunehmenden nervösen und psychischen Krankheiten liegt darin, daß die Prana- oder Energiezufuhr durch den Ätherkörper und/oder die Kontrolle über den Astralkörper unzureichend sind. Daher ist es wichtig, daß der Heiler oder Therapeut lernt, den Zustand des Ätherkörpers wahrzunehmen.

Die Reaktionen des physischen Körpers vermögen wichtige Hinweise zu geben.

Stauungskrankheiten, z. B. Thrombosen und Hämorrhoiden, sind der Ausdruck einer sehr starken Reaktion auf Störungen des Mentalkörpers.

Unterbleibt eine derartige Reaktion, kann die Störung stattdessen in Form der noch ernsteren sogen. Unterdrückungskrankheiten wie z. B. Asthma, Ekzemen oder anderen Hautkrankheiten hervorbrechen, d. h. sich auf indirekte Weise gewaltsam ein Ventil schaffen.

ZU DEN URSACHENFAKTOREN IM MENTALKÖRPER GEHÖREN:

1. **Falsche innere [mentale] Einstellungen,** die nicht das Ergebnis von falschem Denken, sondern eher von Gedankenlosigkeit sind. Infolgedessen versäumt der Mensch die Beobachtung fundamentaler geistiger **Gesetze,** wie z. B. des naturgegebenen Rhythmus oder der Periodizität. Der Mensch sollte sich z. B. im Sexualleben dem Gesetz der Zyklen anpassen. Stattdessen wird das sexuelle Verlangen heute fast ausnahmslos zur Befriedigung rein körperlicher oder emo-

tionaler Gelüste mißbraucht. Die Abkehr von naturgegebenen Rhythmen ist zu einem der Hauptgründe für Krankheit geworden.

2. **Fanatismus** — das Beherrschtsein von bestimmten Gedanken. Von den vielen Formen des Fanatismus seien kurz einige genannt:

● der religiöse Fanatismus — die Besessenheit von Ideen, die zu besonderer innerer Unduldsamkeit und zur Ausbeutung anderer führen kann; man denke an die Kreuzzüge, die Glaubenskriege, die Inquisition, das Jesuitentum usw.;

● der politische Fanatismus mit entsprechenden Auswüchsen;

● übertriebene Geschäfts- und Gesellschaftsinteressen, um deretwillen oft Überarbeitung, Gereiztheit, Erschöpfung und ein unausgeglichenes Leben auf sich genommen werden;

● die sogenannte Arbeitswut — des Forschers, Planers, Künstlers, Goldraffers etc. —, die zu Nervenzusammenbrüchen führen kann;

● Bitterkeit, Groll, Abscheu oder Enttäuschung — wenn das gesteckte Ziel größer war als das tatsächlich Erreichte — können zu vielen toxischen Zuständen, einer Selbstvergiftung und einer allgemein angegriffenen Gesundheit führen. Antreibender *Ehrgeiz* bedeutet dasselbe.

Heilung läßt sich in einem Wort ausdrücken: **Annehmen.**

Das ist nicht gleichbedeutend mit Resignation oder einem passiven Sich-Ergeben, sondern es enthält die Bejahung der letztendlich von uns selbst verursachten, unausweichlichen Lebensbedingungen. Nur auf diese Weise können wir geistig wachsen. In der Haltung des Annehmens vergeuden wir nicht mehr Zeit und Kräfte im Kampf für das Unerreichbare, sondern setzen unsere Energien richtig ein, um das Mögliche zu erringen. Unsere Anstrengungen müssen immer den Bedürfnissen angepaßt sein und ihnen entsprechen. Das Raja-Yoga lehrt den Grundsatz: Setze so wenig Kräfte wie möglich ein, um das bestmögliche Ergebnis zu erzielen.

Ein Hinweis für den Heiler: Wenn sich die Krankheit nicht heilen läßt, weil sie nur eine mittelbare Folge gesetzter Ursachen ist, so muß man dem Patienten dazu verhelfen, daß er bewußtseinsmäßig über der Krankheit zu stehen lernt. Wahre Heilung wirkt über das Bewußtsein.

ZUSAMMENFASSUNG

DER MENTALKÖRPER

Unser Mentalkörper hat schöpferische Fähigkeiten. Er hat die Aufgabe, die Ablehnung in die Bejahung umzuwandeln, so daß die Ziele der Seele verwirklicht werden können. Yoga bedeutet Eins-Sein oder Harmonie, und wir müssen deshalb das denkende Bewußtsein in einem Zustand des inneren Gleichgewichts und des Schöpferischen zu erhalten suchen. Dies führt zu Gesundheit im mentalen Bereich. Die Gedanken mit ihrer großen Macht müssen immer von der Liebe des Herzens geleitet sein.

> *Wie Kerzenlicht, vorm Wind beschützt,*
> *Nicht flackert, so bleibt unbewegt*
> *der Weise, der sein Ich gezähmt,*
> *Mit seinem Gottselbst sich vereint.*
>
> (Bhagavad-Gita, VI/19)

Die 7 Hauptchakras

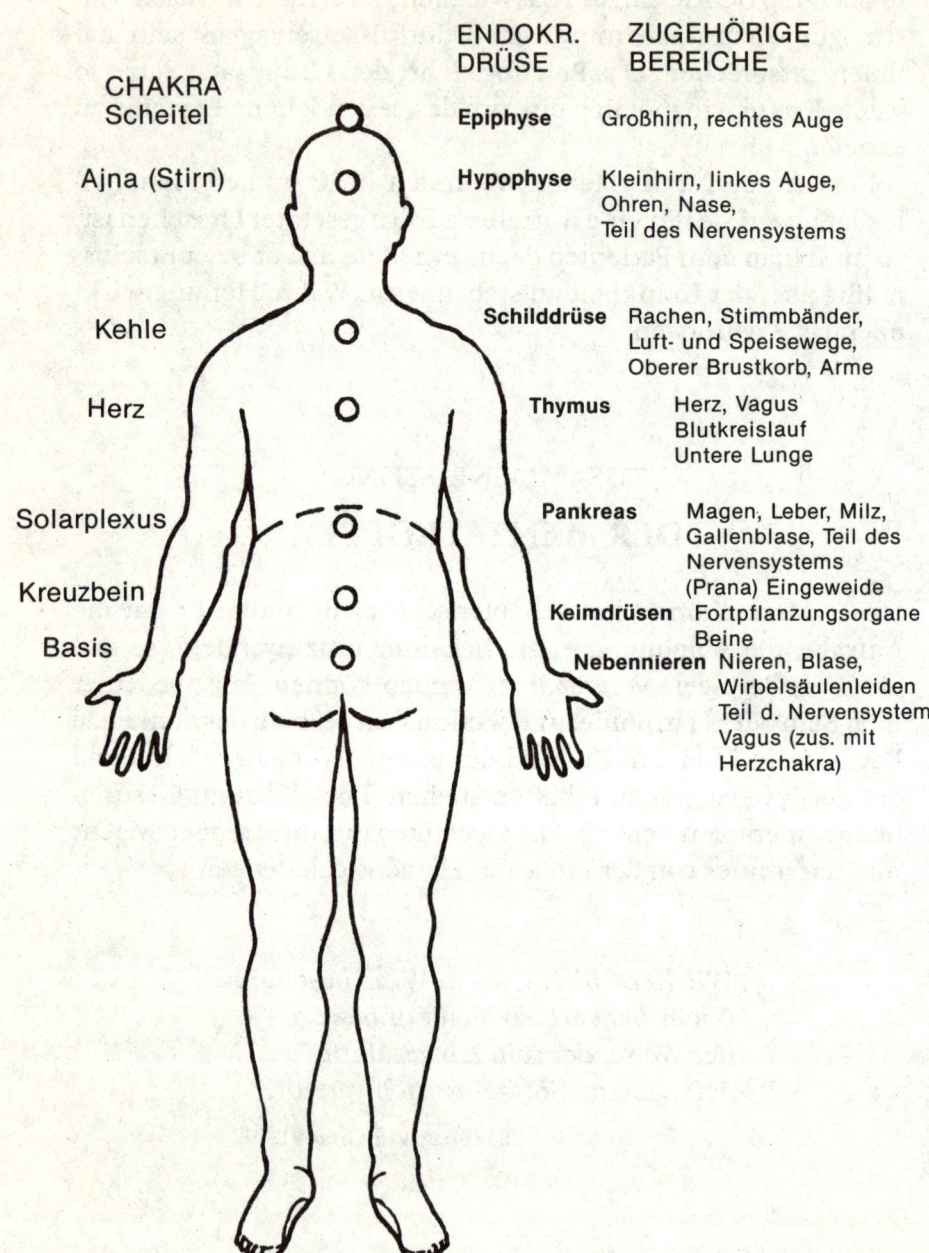

CHAKRA	ENDOKR. DRÜSE	ZUGEHÖRIGE BEREICHE
Scheitel	Epiphyse	Großhirn, rechtes Auge
Ajna (Stirn)	Hypophyse	Kleinhirn, linkes Auge, Ohren, Nase, Teil des Nervensystems
Kehle	Schilddrüse	Rachen, Stimmbänder, Luft- und Speisewege, Oberer Brustkorb, Arme
Herz	Thymus	Herz, Vagus Blutkreislauf Untere Lunge
Solarplexus	Pankreas	Magen, Leber, Milz, Gallenblase, Teil des Nervensystems (Prana) Eingeweide
Kreuzbein	Keimdrüsen	Fortpflanzungsorgane Beine
Basis	Nebennieren	Nieren, Blase, Wirbelsäulenleiden Teil d. Nervensystems Vagus (zus. mit Herzchakra)

Die wichtigsten Nebenchakras

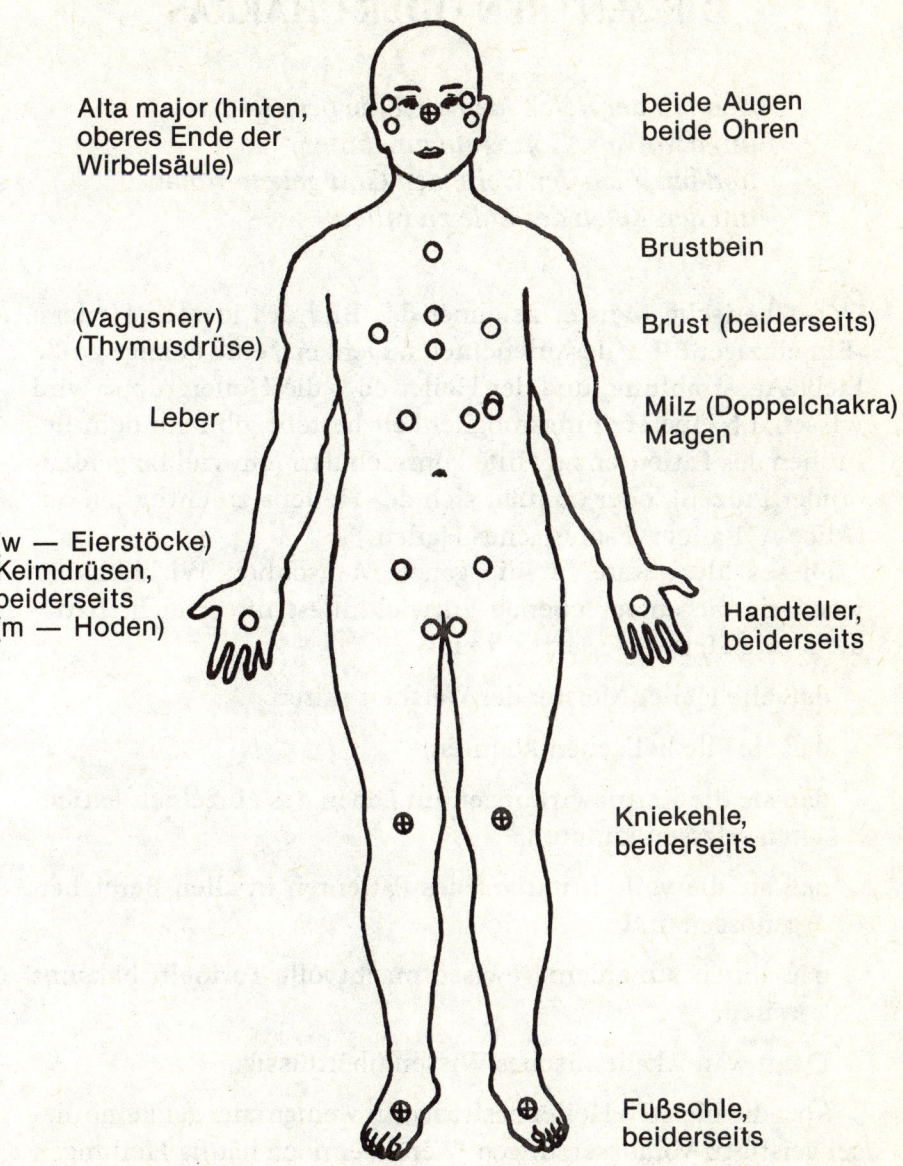

Alta major (hinten, oberes Ende der Wirbelsäule)

beide Augen
beide Ohren

Brustbein

(Vagusnerv) (Thymusdrüse)

Brust (beiderseits)

Leber

Milz (Doppelchakra) Magen

(w — Eierstöcke) Keimdrüsen, beiderseits (m — Hoden)

Handteller, beiderseits

Kniekehle, beiderseits

Fußsohle, beiderseits

10. KAPITEL

DIE ZENTREN ODER CHAKRAS

»Ich bin der Kelch, den die Erde bereitet hat,
um den Wein Gottes aufzunehmen;
und bin auch der Wein, den Gott gekeltert hat,
um den Kelch der Erde zu füllen.«

Der Tibetische Meister zeichnet das Bild des idealen Heilers:
»Ein einziger Blick des erleuchteten Denkers, eine einzige große
Liebe-Ausstrahlung, und der Heiler oder die Heilergruppe wird
wissen, ob eine Heilungsmöglichkeit besteht, ob man dem Bemühen des Patienten zu Hilfe kommen darf (ein viel längerdau-
ernder Prozeß), oder ob man sich des Heilens zu enthalten hat
(Alice A. Bailey: »Esoterisches Heilen«).«

Dieses Ideal wäre für die ganze Menschheit Wirklichkeit,
wenn sie die entsprechende Entwicklungsstufe erreicht hätte;
die ideale Heilweise setzte voraus,

daß alle Heiler Meister der Weisheit wären

daß sie alle hellsehen könnten,

daß sie die Karmawirkungen im Leben des einzelnen Patienten erfassen könnten,

daß sie die volle Mitarbeit des Patienten in allen Bereichen
genössen und

daß ihnen außerdem gewisse machtvolle Formeln bekannt
wären.

Dann wäre akademisches Wissen überflüssig.

Aber die meisten Heiler besitzen nur wenige oder gar keine dieser geistigen Voraussetzungen. Wenn dennoch häufig Heilungen
stattfinden, so liegt dies meist daran, daß

entweder die Seele des Patienten die Heilung gewollt hat und der Patient in die leuchtende Aura des Heilers oder der Heilgruppe einbezogen wurde,

oder der Heiler in den Lebensplan des Patienten eingegriffen und den Prozeß dessen geistiger Schulung unterbrochen hat;

diese zweite Möglichkeit wird oft übersehen.

Da die wenigsten Heiler alle genannten geistigen Voraussetzungen besitzen, sind sie darauf angewiesen, sich mit den ätherischen Strukturen und dem Netzwerk der Energien und Kräfte, die den menschlichen Organismus aufbauen, vertraut zu machen. Dies läßt sich, wie alle Fähigkeiten, erlernen, und zwar Schritt für Schritt und unter praktischer Anwendung des bereits Erlangten, und je nach Begabung schneller oder langsamer. Unsere Zukunft verheißt viel, und was wir in dieser Inkarnation erreichen, wird uns wiederum in der nächsten größte Dienste erweisen.

Die Chakras liegen im Äther- und **nicht** im physischen Körper; sie sind aber die Tore für den Zustrom von Energie und Leben in den dichten physischen Körper. Die Lage der Chakras — im Verhältnis zum physischen Körper — ist folgende:

1. Das **Basis**-Chakra liegt zwischen Kreuzbein und Steißbein.

2. Das **Kreuzbein**-Chakra liegt zwischen dem 5. Lendenwirbel und dem Kreuzbein.

3. Das **Solarplexus**-Chakra liegt zwischen dem 12. Brust- und dem 1. Lendenwirbel.

4. Das **Herz**-Chakra liegt zwischen dem 4. und dem 5. Brustwirbel.

5. Das **Kehl**-Chakra liegt zwischen dem 7. Hals- und dem 1. Brustwirbel.

6. Das **Ajna**-Chakra oder Stirnchakra liegt in der Stirnmitte zwischen Augenbrauen und Haaransatz.

7. Das **Scheitel**- oder Kopfchakra liegt auf der Scheitelmitte, etwa in Höhe der Fontanelle.

Die ersten **fünf** Chakras liegen auf der Wirbelsäule, die beiden letzteren im Kopfbereich.

Außer den **sieben Hauptchakras** gibt es **49 Nebenchakras**, von denen 21 größere Bedeutung zukommt. (Siehe dazu die Abbildungen auf S. 62 u. 63).

Den einzelnen **Hauptzentren** entsprechen und unterstehen die Funktionen der 7 verschiedenen Hauptdrüsen des endokrinen Systems und bestimmter Organe, nämlich:

	Chakra	endokrine Drüse	Organe und Körperbereiche
1.	Basis-Chakra	Nebennieren	Nieren, Blase, Wirbelsäule
2.	Kreuzb.-Chakra	Keimdrüsen	Fortpflanzungsorgane, Beine
3.	Sonnengeflecht	Pankreas	Milz, Magen, Leber, Gallenblase
4.	Herz-Chakra	Thymusdrüse	Herz, untere Lunge, Blutstrom
5.	Kehl-Chakra	Schilddrüse	Kehlbereich, obere Lunge, Arme, Verdauungskanal, Luftwege
6.	Ajna- oder Stirn-Chakra	Hypophyse (Hirnanhangsdrüse)	Unteres Hirn, linkes Auge, Nase, Wirbelsäule, Ohren
7.	Scheitel-Chakra	Epiphyse (Zirbeldrüse)	Oberes Hirn, rechtes Auge

Die 7 Hauptchakras erfüllen folgende Aufgaben:
Sie erhalten das Leben des gesamten physischen Körpers, indem sie ihm Lebensenergie zuführen.

Jedes Chakra erzeugt die Energien für die Funktion bestimmter Organe.

Sie üben eine Zwischenkontrolle zur Erhaltung der Funktionen des Körpers aus.

Die Chakras müssen in jedem Fall behandelt werden, gleich um welches Leiden es sich handelt. Dabei lasse man sich nicht verleiten, die äußerlichen Symptome mit der Krankheitsursache zu verwechseln, denn diese liegt nicht an der Oberfläche; es gibt nie ein Symptom ohne Ursache. Auf die mannigfaltigen Informationen aus dem ätherischen Bereich kann man sich hingegen verlassen.

Jedes Chakra hat seine eigene Schwingungsfrequenz. Im Normalfall sollte ein Zustand der Harmonie aller Chakras untereinander herrschen. Jedes Chakra vermag seine Frequenz zu verändern, um sich den anderen anzupassen. Der Heiler sollte als erstes das **Ajna- oder Stirn-Chakra,** dem die die anderen endokrinen Drüsen kontrollierende Hypophyse untersteht, untersuchen, den Energie-Zu- und Abfluß dieses Zentrums harmonisieren und danach versuchen, die anderen sechs Chakras auf das Ajna-Chakra abzustimmen.

Man wird **keinen** Fall finden, in dem eine Harmonie aller Chakras schon gegeben ist. Erfahrungsgemäß arbeiten bereits beim gesunden Durchschnittsmenschen drei oder vier Chakras nur zu ungefähr 80 Prozent ihrer Leistungsfähigkeit, weil sie entweder zu viel oder zu wenig Energie aufnehmen. Der Heiler muß den Zustand feststellen und Abhilfe schaffen, so daß ein regelrechter Energiefluß entsteht.

Beim Umgang mit Energie ist es wichtig, *alles als im Fluß befindlich* zu sehen.

Wo es keinen freien Fluß gibt, wo quasi der Abzugsgraben verstopft ist oder ein See keinen Zu- und Abfluß hat, kommt es zur Stagnation. Hellfühlende können derartige Stauungszustände des Ätherkörpers erfühlen; die Empfindung ähnelt der Berührung einer zähen, teigartigen Masse.

Die **Chakras** wirken als **Empfänger, Umwandler und Leiter von Energie.**

Sie sind Sammel- und Aufnahmestellen für die in der Atmosphäre enthaltene Prana- oder Lebenskraft, die aus der näheren Umgebung, vom ganzen Planeten oder von der Sonne herrühren kann. Nach Auskunft Hellsichtiger werden die Chakras durch Energieantennen gespeist, die sich öffnen oder zurückziehen. In einer feindlichen Umwelt kann es vorkommen, daß diese Antennen eingezogen bleiben, was einer Stillegung der Versorgung mit Lebensenergie gleichkommt. Dies beobachtet man oft bei Kindern. Da die **Atmosphäre** die Chakras beeinflußt, spielt sie eine bedeutende Rolle für die Gesundheit; in einer schlechten, feindlichen oder statischen Atmosphäre lassen sowohl Leistungsfähigkeit als auch Gesundheit nach. Wenn ein Arbeitgeber aus Erfolgsdenken nur immer seine Arbeitnehmer antreibt, so vergiftet er die Atmosphäre, die jene als menschliche Wesen zu ihrem Wohlergehen brauchen, so daß sein Personal häufig fehlen und er Zeit- und Geldverluste erleiden wird; auch wird die Erfindungsgabe seiner Angestellten leiden. Er würde mehr erreichen, wenn er statt seiner Erzeugnisse das Betriebsklima verbessern würde. So leidet die Industrie, wenn die Atmosphäre in den Betrieben schlecht ist. Dies wird von den Bergarbeitern bestätigt, die vor der unpersönlichen Verstaatlichung glücklicher waren, als noch eine persönliche Beziehung zum Bergwerksbesitzer bestand.

Die Patienten sind anzuweisen, sich nach einer Chakra-Behandlung zu schonen, damit die übrigen Chakras sich auf den neuen Rhythmus einschwingen können. Auch sollte man den Patienten sagen, daß sich beim Heilen über den Ätherkörper die Wirkung manchmal erst nach ein oder zwei Tagen im physischen Körper zeigt; oft kann die Neubelebung aber auch sofort einsetzen.

Durch die alleinige Chakrabehandlung kann vielen sehr geholfen werden, aber nicht jedem. Manche sprechen auf die geistige Heilweise nicht an, sondern eher auf ärztliche Behandlung, die sie gewöhnt sind und von der sie sich einen Erfolg versprechen.

Daher sollte der Heiler sich mit so *vielen anderen Therapieformen* wie möglich vertraut machen, da jede von ihnen für irgendjemanden gut sein kann. Niemand kann hoffen, in einem Erdenleben mehr als eine oder zwei Behandlungsmethoden vollständig zu erlernen; folglich müssen wir vielseitig und großzügig werden und dürfen andere Methoden nicht veruteilen. Wir bleiben alle *eine* Gemeinschaft.

Chakra-Therapie darf nur unter Aufsicht eines auf diesem Gebiet erfahrenen Heilers praktiziert werden. Wer diese Therapie erlernen will, muß zuerst das nötige Einfühlungsvermögen entwickeln, und zwar indem er übt, den Zustand der eigenen fünf unteren Chakras von der Vorderseite aus sensitiv zu erfassen. Dies Ertasten geschieht mit einer Hand; um festzustellen, welche Hand die sensiblere ist, sollte der Anfänger jedoch zunächst mit beiden Händen üben.

Ehe der Schüler nicht eine gewisse Gewandtheit und Ein-Stimmung erreicht hat, ist es nicht ratsam, Energie auf ein höheres als die drei unteren Chakras des Ätherkörpers zu lenken, und auch dies nur unter Anleitung; denn die Energiefelder des Menschen sind sehr empfindlich und sollten mit der größten Vorsicht behandelt werden — ebenso wie die Elektrizität! Nur Erfahrung, Ernst und innere Ein-Stimmung, begleitet von regelmäßiger Meditation, führen allmählich zum Erfolg, und niemand braucht zu verzagen, wenn seine Hände monatelang nicht viel erfühlen können. Auch Rom wurde nicht an einem Tage erbaut, und das erforderliche Einfühlungsvermögen bildet sich oft erst nach Monaten oder Jahren. Doch herrscht für diese Begabung ein großer Bedarf, und die Fortschritte des einzelnen bedeuten Fortschritt für die ganze Menschheit.

Jeder Heiler braucht gewisse Kenntnisse der Körper-Anatomie wie auch der okkulten Anatomie, die sich durchaus voneinander unterscheiden.

DAS LIED DES DIENENDEN

Ich bin der Kelch, den die Erde bereitet hat,
um den Wein Gottes aufzunehmen;
Und bin auch der Wein, den Gott gekeltert hat,
um den Kelch der Erde zu füllen;
Und trinke diesen Wein und
bin erfüllt von seinem funkelnden Leben;
Und rufe den Trinkspruch auf den
von allem Leben Geliebten aus.
Ich schaue von neuem das Schwingen
und Strömen Gottes,

vom Himmel zur Erde
und von der Erde zum Himmel

in der All-Einheit Seines Seins.

11. KAPITEL

FOLGEN EINER FEHLFUNKTION DER CHAKRAS

Das Chakra beeinflußt den Zustand der ihm zugeordneten endokrinen Drüse, nicht umgekehrt. Wenn ein Chakra die Energie nicht zu- und abfließen läßt, wird die zugehörige Drüse in ihrer Leistungsfähigkeit geschwächt und die wiederum von der Drüse gesteuerten Körperbereiche und -systeme weisen Krankheitsanzeichen auf.

Störungen im physischen Körper können also unmittelbar aus der Fehlfunktion eines Chakras entstehen. Es kommen drei Möglichkeiten in Betracht:

A. Das freie Einfließen von Energien in das Chakra ist nicht möglich, weil der *Zufluß* blockiert ist. Hier sprechen wir von Unter-Energetisierung des Chakras.

B. Es fließt ein zu mächtiger, ungehemmter Energiestrom ein. Hier sprechen wir von Über-Energetisierung des Chakras.

C. Es fließt eine schädliche Energie ein.

Wo immer eine Chakrafehlfunktion besteht, müssen die zugehörigen Körperbereiche genauer untersucht werden. Zum Beispiel: Das Sonnengeflecht steuert die Bauchspeicheldrüse sowie die Organe Magen, Milz, Leber, Gallenblase, Darm und Blinddarm. Eine Über-Energetisierung des Sonnengeflechts führt zu nervösen Störungen, Diabetes; eine Unter-Energetisierung zu Magen- und Magenschleimhautbeschwerden, Milz- und Leberbeschwerden.

BEZIEHUNG DER CHAKRAS UNTEREINANDER

Oft ergibt die Untersuchung eine auffallende Unterversorgung oder Erschöpfung eines bestimmten Chakras, beim modernen

Menschen häufig des Kehl-Chakras. In diesem Fall muß auch das Chakra untersucht und behandelt werden, das mit dem gestörten Chakra in enger Beziehung steht, denn auch dieses ist meist in seiner Funktion gestört. Es bestehen folgende engere Beziehungen zwischen den Chakras:

Basis-Chakra und Scheitel-Chakra,

Kreuzbein-Chakra und Kehl-Chakra,

Solarplexus-Chakra und Herz-Chakra

Je nach dem geistigen Entwicklungsstand des Menschen öffnen sich die einzelnen Chakras und gelangen zur vollen Funktion: zuerst das Basis-Chakra und dann der Reihe nach aufwärts die anderen bis hinauf zum Scheitel-Chakra. Die meisten Menschen wirken heute noch durch das Solarplexus-Chakra oder das Sakral-Chakra unterhalb des Zwerchfells. Es bedarf vieler Leben, um das Bewußtsein von einem Chakra ins nächste anzuheben.

Das **Ziel des Heilers** ist, *alle* Chakras, insbesondere die zu den gestörten in engerer Beziehung stehenden, zu harmonisieren. Wenn der Ausgleich hergestellt ist, kehrt die Gesundheit wieder ein.

Man muß dem Patienten zu der Einsicht verhelfen, daß er selbst für die Harmonie in seinem Astral- und Mentalkörper verantwortlich ist, mit denen die **Seele** ihre Erfahrungen sammeln will. Es ist dem Patienten daher zu erklären, wie er — je nach der Stufe seiner Bewußtseinsentwicklung — zur eigenen Gesundheit beitragen kann, wobei der Heiler an der geistigen Entwicklung des Patienten mitarbeiten muß. **Nur bei Christus bestand eine vollkommene Harmonie aller 7 Chakras.** — So werden wir, solange wir die Meisterschaft noch nicht erlangt haben, d. h. solange unsere **Seele** die drei niederen Hüllen noch nicht vollkommen beherrscht, weiterhin mit den Folgen der Unausgeglichenheit unseres Energiefeldes leben müssen.

Harmonie läßt sich am leichtesten erringen durch

- Widerstandslosigkeit — die wertungs- und urteilsfreie Betrachtungsweise,

- bejahendes Denken,

- den Dienst an der Menschheit, und durch

- die Liebe zu allen Menschen.

Die **Chakra-Diagnose** wird ausschließlich über den Ätherkörper, also über das ätherische Energiefeld, gestellt. Der Heiler braucht den medizinischen Namen der krankhaften Zustände nicht zu kennen — dies ist Aufgabe des Arztes. Der Heiler *muß* aber das ganze Energiefeld untersuchen, die sieben Hauptchakras prüfen und so feststellen, welche Hormondrüsen und -systeme, welche Organe bzw. ob Blut oder Nerven betroffen sind, oder ob das Problem im Psychischen liegt. **Die Wirbelsäule ist in jedem Fall zu untersuchen.**

Man erinnere sich, daß die zutagetretenden Symptome nicht mit der Krankheit gleichzusetzen sind; das vorübergehende Lindern von **Auswirkungen** führt solange zu keiner echten Hilfe wie die zugrundeliegende **Ursache** nicht entdeckt und behoben ist. Eine bloße Folgeerscheinung zu unterdrücken, was viele Medikamente bewirken, tut auf lange Sicht gesehen nicht gut, sondern kann im Gegenteil schädlich sein. Ursachenfaktor einer jeden Krankheit sind Unausgeglichenheit und/oder Stauung im Ätherkörper, die wiederum durch Unausgewogenheit im Astral- oder Mentalkörper entstehen. Ob das Problem am Ende im Einzel-, Volks- oder Planetenkarma verwurzelt ist, kann der Heiler nur auf dem Wege der Intuition erfassen. Intuition läßt sich nicht lehren oder erlernen, sondern es gilt, auf die innere Stimme der Stille zu hören. Der Schüler der Alten Weisheit versteht die Weisung: »Wir können den Weg in die tieferen Schichten des Wissens und der Weisheit nur in der Meditation beschreiten«, nämlich dahin, wo die **letzte Ursache** zu finden ist.

Ins einzelne gehende, weitere Hinweise und praktische Anleitungen für die harmonisierende Chakratherapie seien den durch das International Health Research Network geleiteten Lehrgängen (siehe Hinweis letzte Seite) vorbehalten, die für den ernsthaft interessierten und verantwortungsvollen Schüler bestimmt sind.

Von tausend Menschen strebt bewußt
Kaum einer nach Vollkommenheit,
Und von den also Strebenden
Hat Mich kaum einer voll erkannt.

(Bhagavad-Gita, VII/3)

12. KAPITEL

MEDITATION

Wer unerschrocknen Sinns im Leid,
Im Glück ohn' jed' Verlangen ist,
Frei auch von Furcht und Leidenschaft —
Den nenn ich einen Heiligen.

(Bhagavad-Gita, II/56)

Was ist Meditation? Sie ist der Vorgang, durch den wir die Herrschaft über unser Bewußtsein gewinnen. Unser Geist, der ein Tor zur Erkenntnis ist, läßt uns dann die zarteren Schichten des Bewußtseins, jenseits der Schranken der drei Dimensionen, wahrnehmen; wir verlassen die Erdenschwere und dringen in Bereiche vor, die dem Menschen auf der materiellen Ebene verschlossen sind. Ihrem Wesen nach ist Meditation das Mittel, um den Gleichklang unserer drei unteren Persönlichkeitsaspekte oder Hüllen zu erringen, so daß *eine innere Verbindung zur Seele* oder unserem höheren Selbst möglich wird.

Die meisten Menschen betrachten sich als ein materielles Wesen, das irgendwo im Hintergrund eine Seele oder Schutzengel besitzen mag. Dieser Glaube bildete sich im Laufe der vielen Leben, in denen unser Einzelbewußtsein auf die Außenwelt oder drei Dimensionen gerichtet war und kaum einen Gedanken auf Geistiges, auf die vierte Dimension, verwendete. Aber eines Tages kommt es wie in dem Gleichnis vom verlorenen Sohn — nachdem der Mensch seine Güter und Erfahrungen in den Tiefen eines nur auf das niedere Selbst bezogenen Lebens vergeudet hat — zu einer Umkehr, und die Aufmerksamkeit wendet sich allmählich vom Äußeren ab und dem Inneren zu.

Vor dieser Umkehr verspürt der Mensch kein echtes Bedürfnis zu meditieren; aber dann zieht ihn ein instinktiver Drang, sich *nach innen zu wenden* und die »Stimme der Stille« zu suchen — jene Quelle, aus der alles Wissen und alle Weisheit fließt, die die Bibel den »Christus in uns« nennt.

Hier beginnt das Menschenwesen zu meditieren, nachzusinnen, sich selbst zu erforschen und in stetem Bemühen sein Bewußtsein immer weiter heraus- und emporzuheben, bis es das erstrebte Ziel erreicht. Meditieren ist die ureigenste Aufgabe unseres Geistes und wird als solche erkannt, sobald die Seele für den Menschen fühlbar geworden ist. Die **Seele** selbst ist auf ihrer Ebene beständig in Meditation begriffen und harrt auf eine Antwort aus dem niederen Selbst, das allmählich auf die Seelenschwingungen aufmerksam wird. Der Mensch beginnt **nach innen** zu schauen und Gott nicht mehr außerhalb seiner selbst zu suchen. Anstatt nach dem Weg *zu* Gott Ausschau zu halten, beginnt er den Weg *mit* Gott zu gehen — und er erkennt, daß er zu diesem Weg wird, so wie die Spinne ihr Netz aus sich selber webt.

So wird der physische Mensch Teil der Meditation, der Seele; diese Übereinstimmung nimmt zu und wird vertieft, bis das ganze physische Leben zum Ausdruck der Seele geworden und der Körper mit Licht erfüllt ist. Der Mensch kann nun — im Gegensatz zu dem weit verbreiteten Irrglauben — von sich sagen: »Ich **bin** die **Seele** und verfüge über ein Werkzeug, nämlich meine Persönlichkeit, mittels der ich auf allen Ebenen wirke.« Ihm ist Meditation zu einer Lebensweise, zum Beweis der Wahrheit geworden, und er wandelt hinfort auf dem *Pfad der Bewährung,* der zur Jüngerschaft führt.

Solche Meditation gibt sich bewußt der Anziehung durch die Seele hin; die drei niederen Ausdruckskörper oder Hüllen stimmen sich ein und werden zu einem Kanal, durch den die Seele während ihrer Inkarnation wirken kann. Diese Entwicklung wird als der Bau der Antahkarana- oder Regenbogenbrücke bezeichnet, die das höhere Selbst mit dem niederen Selbst verbindet.

Die Meditation bewirkt viererlei:

● Sie hilft bei der Ausrichtung der Persönlichkeit auf die Seele.

● Sie führt zur Verbindung mit dem höheren Selbst, der Seele, und damit schließlich zum Gruppenbewußtsein.

● Sie errichtet einen Kanal, durch den das höhere Selbst wirken und sein Wissen in das körperliche Alltagsbewußtsein einfließen kann. Damit überbrückt die Meditation den Abgrund zwischen der dritten und der vierten Dimension, der Welt der Dinge und der Welt des Geistes.

● Durch Meditation kommt es zur Gewahrwerdung und zum Zusammenwirken mit dem höheren Selbst; *der geistige Zugang zu* **Inspiration** *und* **Erleuchtung** *wird eröffnet.* Ferner wird der erwähnte Kanal erweitert; immer mehr kann das innere Licht durchbrechen und den Menschen befähigen, bewußt mit der Seele im Sinne des Christus-Plans zusammenzuwirken.

ZUSAMMENFASSUNG

Meditation verhilft uns zur inneren Entfaltung, so daß der Menschensohn als Gottessohn zu wirken und sein Leben in Einklang mit Gottes Leben zu bringen lernt, um wahrlich sagen zu können: »Ich lebe, aber nicht ich, sondern Christus lebt in mir.«

Es mag einige Zeit dauern, bis die Verbindung nach Innen hergestellt ist. Für den Anfang ist es sehr hilfreich, gewisse Meditationsregeln zu beachten, täglich zweimal, d. h. morgens und abends je fünfzehn Minuten, zu meditieren und sich zu üben, dauernd in jenem inneren Licht zu leben; so wird sich dies eines Tages fühlbar machen und wir werden jenseits allen Zweifels wissen, daß es Christus ist, der unser Leben *lebt*.

Unsere Lebensreise soll dem Lernen gewidmet sein.

LITERATUR

Alice A. Bailey: »Briefe über okkulte Meditation«, »Vom Intellekt zur Intuition«, Lucis Trust, Genf

Douglas Baker: »Meditation«, (s. S. 19)

Joel Goldsmith: »Der Weg zur Verwirklichung«, Heinrich Schwab Verlag, 7860 Schopfheim

»Die völlige Sammlung in der eigenen Mitte und die Meditation über das Erwachen des Lichts verhilft uns zur Gewahrwerdung des Zarten, Geheimen und Fernen.« »Yoga-Sutras« des Patanjali, Buch III, 25.

Vorschlag für eine Meditation von 15 bis 20 Minuten

- Setze dich, atme dreimal tief ein und entspanne völlig alle Bereiche des Körpers. Nur die Wirbelsäule muß aufrecht und gestreckt bleiben.

- Ein-Stimmung. Wandere mit deinem Bewußtsein langsam vom Basis-Chakra aufwärts bis hin zum Ajna- oder Stirn-Chakra und sage dabei in Gedanken:
  Ich bin nicht mein physischer Leib.
  Ich bin nicht mein Astralleib.
  Ich bin nicht mein mentaler Leib.
  Ich bin die Seele. Diese Erkenntnis halte während der ganzen Meditation im Bewußtsein als eine Tatsache.

- Erhebe dein Bewußtsein, das nun im Ajna-Zentrum ruht, zur Seele, indem du dir ein goldenes Lichtband vorstellst, das Herz und Kopf verbindet; schaue dieses unendliche Lichtband und stelle dir vor, es sei Christus.
  Erkenne dich selbst als Ganzes, das sich dreifach offenbart; nämlich als das Göttliche Selbst, als das individualisierte Ich und als Boten der Göttlichen Gegenwart in *einem*, erkenne, daß es keine Ab-Sonderung oder Dualität gibt, sondern nur Einen Gott, der sich kundtut und dessen Wesen dem Licht gleicht.

- Meditiere etwa fünf Minuten über *einen* der folgenden Leit-
gedanken:

  Das Licht der Seele scheint als Leuchtfeuer auf meinem
  Weg, und in diesem Licht sehe ich das Licht im anderen
  Menschen.
  Ich bin eine Offenbarung Gottes und wirke durch die
  Kraft meines Wesens neubelebend und erlösend auf die-
  sen Teilbereich, der da im Körper wohnt, und bette ihn in
  mich ein.

- Strahle deiner Seele Licht und Liebe als Kraft und Segen zu
all denen aus, die Hilfe und Heilung benötigen, sowie zu
den fünf Chakras dieses Planeten: New York, London,
Genf, Darjeeling und Tokio. Stelle sie dir alle in Licht ge-
hüllt vor.

- Lasse die Große Invokation erklingen! (s. S. 95)

  OM   OM   OM

DIE UNTEREN EBENEN
DES KOSMISCH-PHYSISCHEN SEINS

Ebene I (das Göttliche) und Ebene II (das Monadische) sind hier nicht dargestellt, da sie nicht Gegenstand dieser Betrachtung sind.

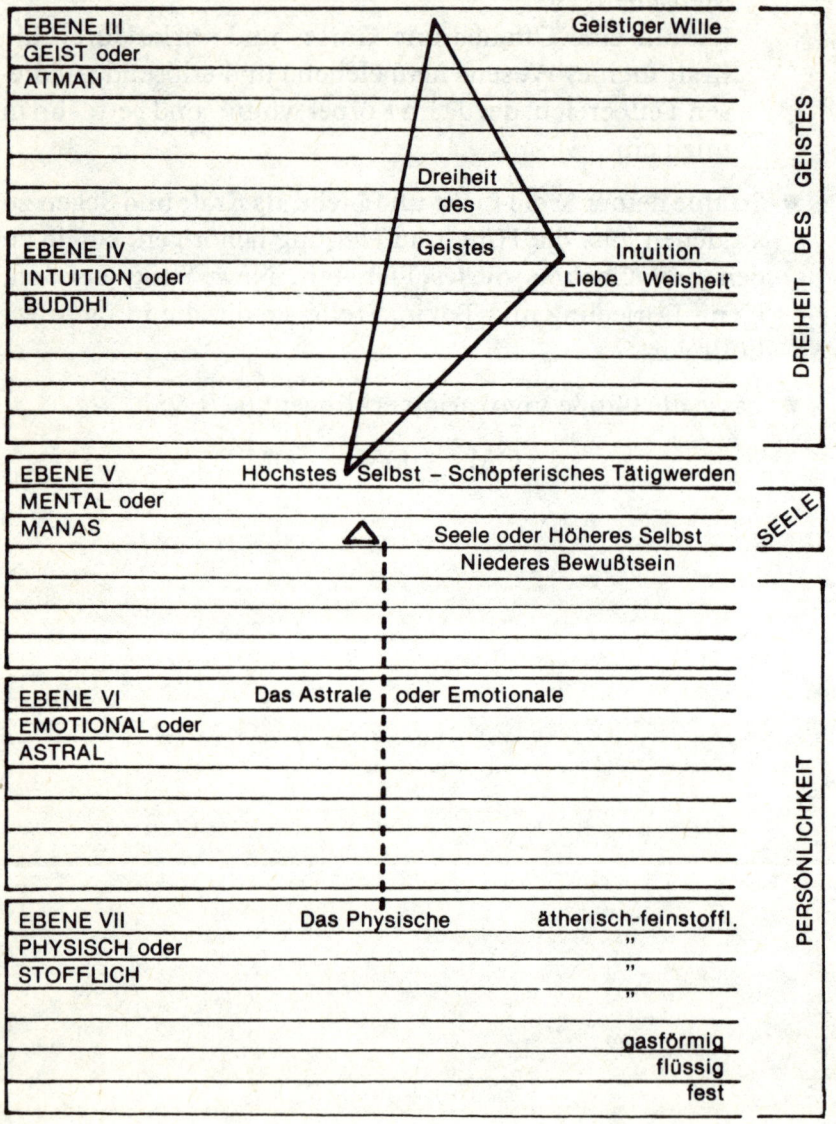

EBENE III
GEIST oder
ATMAN

Geistiger Wille

Dreiheit
des

Geistes

DREIHEIT DES GEISTES

EBENE IV
INTUITION oder
BUDDHI

Intuition
Liebe   Weisheit

EBENE V
MENTAL oder
MANAS

Höchstes Selbst – Schöpferisches Tätigwerden

Seele oder Höheres Selbst
Niederes Bewußtsein

SEELE

EBENE VI
EMOTIONAL oder
ASTRAL

Das Astrale oder Emotionale

PERSÖNLICHKEIT

EBENE VII
PHYSISCH oder
STOFFLICH

Das Physische   ätherisch-feinstoffl.
"
"
"

gasförmig
flüssig
fest

13. KAPITEL

DER GANZE MENSCH

I. **Die Dreiheit des Geistes,** dargestellt als das große Dreieck, hat drei Aspekte:

1. den geistigen Willen, der auf Ebene III wirkt,

2. die Intuition, Liebe und Weisheit, die auf Ebene IV wirkt, und

3. das höchste Selbst, das schöpferische Tätigwerden, das in der obersten Schicht der Ebene V wirkt.

II. **Die Seele, das höhere Selbst, höhere Ego,** dargestellt als das kleine Dreieck, hat folgende drei Aspekte, die in der mittleren Schicht der Ebene V wirken:

1. den Christus-Willen,

2. Christus als Liebe und Weisheit;

3. den Christus-Geist, das Höhere Bewußtsein oder das mental-schöpferische Tätigwerden.

III. **Die Persönlichkeit,** dargestellt durch die gestrichelte Linie, die die Notwendigkeit der Ein-Stimmung andeuten soll, besitzt drei Körper:

1. das untere Selbst, das in der unteren Schicht von Ebene V wirkt,

2. den emotionalen oder Astralkörper, der auf Ebene VI wirkt, und

3. den physisch-ätherischen Körper, der auf Ebene VII wirkt.

Unser Streben dringt noch nicht in das große Dreieck, genannt die Dreiheit des Geistes, ein, aber wir wissen: Die Geistige

DER GANZE MENSCH

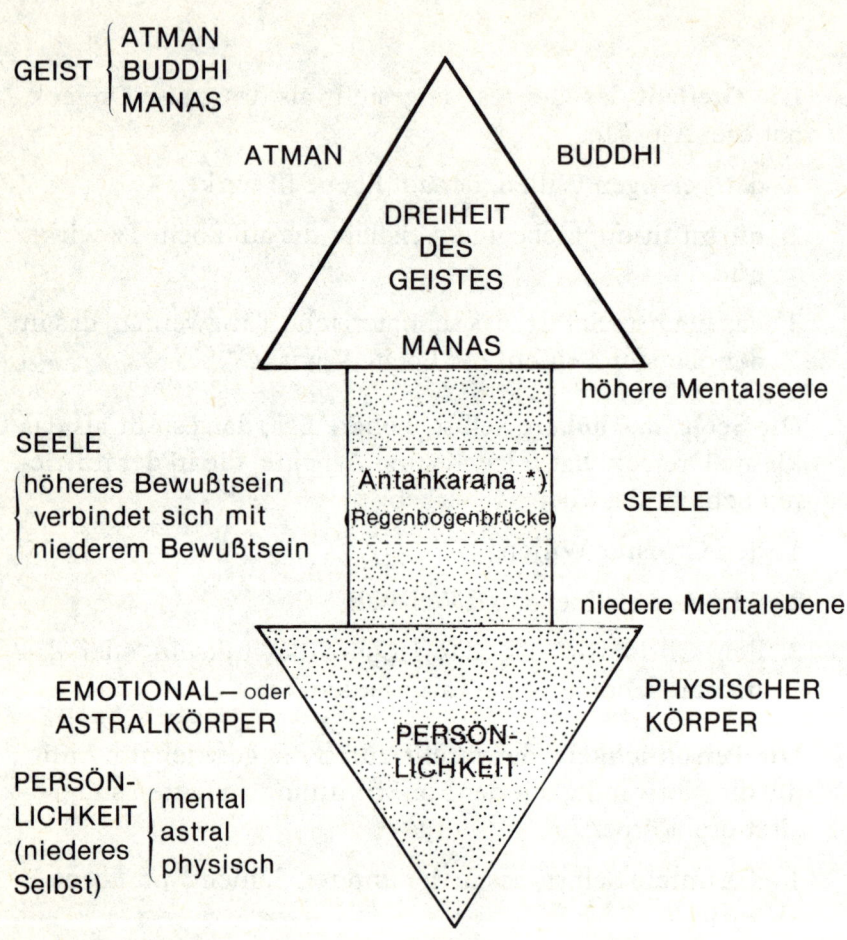

GEIST { ATMAN
BUDDHI
MANAS

ATMAN   BUDDHI

DREIHEIT
DES
GEISTES

MANAS

höhere Mentalseele

SEELE
{ höheres Bewußtsein
verbindet sich mit
niederem Bewußtsein

Antahkarana *)
(Regenbogenbrücke)

SEELE

niedere Mentalebene

EMOTIONAL— oder
ASTRALKÖRPER

PHYSISCHER
KÖRPER

PERSÖN-
LICHKEIT

PERSÖN-
LICHKEIT
(niederes
Selbst)
{ mental
astral
physisch

*) Die Regenbogenbrücke wird
bewußt zwischen der oberen
und unteren Dreiheit errichtet.

Triade enthält unsere höchste Gotterkenntnis, und wir sind Seine Widerspiegelung, geschaffen nach Seinem Bilde und Ihm gleich.

Unser Ziel ist es, unsere dreifache Persönlichkeit, die aus dem physisch-ätherischen, dem emotionalen und dem unteren mentalen Körper besteht, zu verstehen, zu beherrschen und zu reinigen und derart auf die Seele auszurichten, daß die Persönlichkeit sich mit der Seele verbinden und in sie eingehen kann, um in die Führung der Seele, des Christus in uns, zu gelangen. So werden wir eines Tages christusgleich werden, zu wahren Kindern Gottes. »Dann sollen die Söhne des Menschen Gottessöhne werden.«

DIE SEELE, DER CHRISTUS IN UNS

Die Seele, das höhere Ego oder höhere Bewußtsein, ist auf S. 80 als kleines Dreieck dargestellt. Die Seele überschattet die menschliche Persönlichkeit und unterhält mit ihr während der ganzen Dauer des Erdenlebens eine direkte Verbindung über einen Energiefaden, genannt der Seelenfaden. Die Seele ist gruppenbewußt und eins mit allen anderen Seelen.

Durch Meditieren über die Seele, den Christus in uns, öffnen wir uns ihrer Führung und erkennen viel Verbesserungswürdiges in dem Leben unserer Persönlichkeit. Unser vornehmstes Anliegen sollte dies Geführtwerden durch die Seele sein; denn es ist der Schlüssel zu unserer gesamten Entfaltung. Wir brauchen es uns nicht schwer zu machen. Wenn wir an Christus denken, Gedanken und Gefühl in Christus versenken, uns mit Christus verbinden und unsern Geist mit Christi Geist verschmelzen lassen, wird ein neues Schwingen leise, aber gewiß jedes Tätigwerden unserer Persönlichkeit prägen. Die Christus-Liebe wird unser Menschsein in unmerklichen Schritten immer mehr erfüllen, erlösen und anheben, damit es die Schönheit und Anmut der Seele widerzuspiegeln vermag. In uns wird ein geistiger Maßstab für Wahrheit und Gerechtigkeit wachsen. Das volle Vermögen des

Gottesmenschen wird allmählich offenbar werden und einen Mittelpunkt bewußten Lebens auf der physischen Ebene bilden. Wir werden eines Tages bewußter Ausdruck des Christus-Willens, der Christus-Liebe und -Weisheit und des Handelns des Christus-Geistes werden. Ein jeder muß ständig die Verbindung zu seiner Seele suchen, dem Christus in uns; dies ist des Menschen große Aufgabe für die Seligkeit, sein Göttlicher Auftrag hier auf Erden.

Die Seele benutzt die Persönlichkeit oder das niedere Selbst, um sich auf der physischen Ebene zu äußern, und wenn das Zusammenwirken beider im Laufe der Entwicklung vollkommen geworden ist, dann kann der übergeordnete Geist seine Gegenwart durch die Seele hindurch fühlbar machen. Die Seele unterhält die gleiche Beziehung zum Geist, wie die Persönlichkeit zur Seele. Die physische Form ist zeitgebunden und vergänglich. Die Seele ist unsterblich in dem Sinne, daß sie einen größeren Zyklus überdauert. Der Geist allein ist wirklich ewig und bleibt bestehen, auch wenn Zeit und Raum einst nicht mehr sind.

Die Seele oder das Höhere Selbst hat die Stellung eines Vermittlers. Sie ist das Prinzip der Mitte, das Geist und Materie verknüpft, daher die christliche Lehre von der Versöhnung, von der Sohn-Werdung und der Eins-Werdung. Christus ist der Seelen- und der Liebesaspekt, dessen Aufgabe es ist, den Vater, den Geist, zu offenbaren und dadurch die höchsten mit den niedersten Ebenen zu verbinden. So sollen einst auch für einen jeden von uns jene Worte des Johannes-Evangeliums gelten, die für jenen großen Lehrer, den Christus, galten, der vor zweitausend Jahren in Galiläa wandelte. Sein Jünger bat Ihn: »Meister, zeige uns den Vater.« Er erwiderte: »Bin ich nicht schon lange Zeit unter euch, und doch hast du mich nicht erkannt, Philippus?« Er konnte von sich sagen: »Niemand kommt zum Vater, denn durch Mich.«

Die Entwicklung führt zu dieser großen Offenbarung.

Zuerst tritt der Aspekt der Seele oder von Liebe und Weisheit in der Persönlichkeit oder dem niederen Menschen hervor. Stufe für Stufe schreitet die **Erleuchtung** fort, bis sich der höchste Aspekt, der Geist, darzustellen beginnt und einst *»das Strahlen Seines Antlitzes«* die physische Ebene erhellt. Wenn die Menschen einst die drei Aspekte in vollkommenen Einklang gebracht haben, werden sie als Gottessöhne auf Erden wandeln.

Heute verkörpern wir noch den niedrigsten Aspekt, jenen der Materieform, die durch aktive Intelligenz gekennzeichnet ist. Unser Kampf geht darum, eine bewußte Eins-Werdung und Versöhnung zwischen unserem niederen Aspekt der Persönlichkeit und dem mittleren Aspekt der Seele, dem inneren Herrscher, zu bewirken. Die Seele wird auch der Widerschein des Geistes und die Persönlichkeit der Schatten der Seele genannt.

14. KAPITEL

EIN - STIMMUNG

LEITGEDANKE

*»Wahre Auferstehung ist nicht das Sich-Erheben aus
den Gräbern der Toten, sondern der Übergang aus dem
Tod des Selbstverhaftet-Seins zum Leben in selbstloser
Liebe, der Übergang von der Finsternis des selbstsüchtigen Eigendenkens zum Licht des Allumfassenden
Geistes, vom falschen Schein zur Wahrheit, vom Joch
der Welt zur Freiheit der Ewigkeit.«*

(Radhakrishnan: »The Supreme Spiritual Ideal«, 1936)

Ein-Stimmung ist ein anderes Wort für Eins-Werdung; so wird
ein Musikinstrument gestimmt, damit sein Ton genau mit dem
übrigen Orchester überein-stimmt.

Wir erkennen uns selbst als Instrument des Göttlichen Willens
auf der Erde, und so versuchen wir, uns auf den kosmischen
Grundton einzustimmen, der durch Christus und die geistige
Hierarchie täglich erklingt. Diese Ein-Stimmung ist das Ziel unserer Meditationen, wobei wir gleiche oder verschiedene Wege
beschreiten mögen; immer ist unsere Zielsetzung das ruhige,
stille, lauschende Bewußtsein — das Horchen auf die Stimme des
Schweigens. Das Horchen ist quasi unsere Antenne; unser Bewußtsein der Bildschirm. Nur wenn die Oberfläche des Bewußtseins ruhig ist wie ein stiller, spiegelnder See, befindet es sich in
jenem Zustand der Vollkommenheit und des Friedens, daß die
Eingebungen des höheren Selbst wie einzelne Tropfen sachte in
uns einfließen können und dabei als aus einer anderen Quelle als
der des begrenzten Menschengeistes stammend erkannt werden.

86

Ein-Stimmung erwächst langsam, aber stetig, je länger wir unsere Zeit der Übung der Meditation widmen und je bewußter wir das niedere Selbst mit seinen glänzenden Einfällen, seinen sprunghaften Interessen und Reaktionen, ausschalten, um uns stattdessen auf die Ebene der Seele einzustellen (vgl. Bildtafel: »Der ganze Mensch«).

Prüfungen und Irrwege, Ausdauer und Anstrengung müssen wir auf uns nehmen, um als ersten Schritt das Bewußtsein ins Ajna-Zentrum anzuheben. Dies geschieht, indem wir die drei unteren Hüllen, den physischen, den Astral- und Mental-Körper aufeinander abstimmen. Dabei stellen wir uns innerlich vor, dies sei schon vollbracht, und versammeln unser Bewußtsein und unser Denken entweder im **Ajna-** oder im Scheitel-Chakra.

Als hilfreich erweisen sich hierbei Augenübungen;
die volle, den Brustkorb weitende Atmung;
Konzentration auf Symbole — auf unser persönliches Symbol,
sofern uns dieses bekannt ist;
Bildvorstellungen vor dem inneren Auge, und
das Erklingenlassen des OM.

Wenn wir spüren, daß die Verbindung zwischen der Persönlichkeit und der Seele gelungen ist, so müssen wir bewußt an dem Bau der nächsten Brücke — **Antahkarana** — zwischen der Seele und der Geistigen Dreiheit zu arbeiten beginnen. (Näheres siehe in Alice A. Baileys Werk »Erziehung im Neuen Zeitalter«). Nicht nur unsere Meditation, sondern unsere ganze Lebensführung werden dies wie von selbst bewirken. Doch benötigen wir hierzu einen dreibeinigen Schemel, einen Dreifuß, dessen Füße heißen:

Meditieren — Lernen — der Menschheit dienen.

Nur wenn unser Dreifuß fest auf diesen drei Füßen steht und wir nicht vergeblich auf zwei Füßen oder gar einem einzelnen Stecken zu balancieren versuchen, wandeln wir auf dem Pfad der Jüngerschaft und des Dienens.

Dann bemühen wir uns nicht mehr nur um den Ein-Klang zwischen dem Höheren und niederen Selbst des Einzelnen, sondern auch um die Ein-Stimmung mit der Grundschwingung des Ashrams, in dem wir gerade dienen. Auch dies letztere erreichen wir nur über die eigene Meditation, wenngleich wir Anregungen und Gedanken von anderen übernehmen können. Denn nur die **Seele entscheidet** . . . bis einst der Weg offen vor uns liegt: für unseren Dienst als einzelner, zu mehreren, als Mitglied eines Ashrams, ja als Mitarbeiter des Christus und Diener der gesamten Menschheit. Wir werden dann Teil jener großen Gemeinschaft, die die Brücke schlägt und als Vermittler und Übermittler zwischen der Welt des Geistes und der Welt der Menschen wirkt. Diese Gemeinschaft nennt sich die Neue Bruderschaft der Weltdiener und besteht aus Männern und Frauen aller Völker, Hautfarben, Bekenntnisse und Berufe, die nur liebedienend leben und so die notwendige Verbindung zwischen Christus, dem Oberhaupt der Hierarchie, und der Menschheit herstellen.

Deshalb sollen auch wir uns auf die Ziele der Gemeinschaft einstellen. Auf irgendeine Weise dienen auch wir in irgendeiner geistigen Gemeinschaft; sei es auf dem Gebiet der Erziehung, der Politik, der Verwaltung oder der Sozialarbeit; sei es in regelmäßigen Zusammenkünften zur Pflege der geistigen Entwicklung, des Heilens oder der Meditation; durch Verbreitung von Schriften über die Alte Weisheit; selbst durch nutzbringende Anwendung von Geld, das ja auch eine Form von Energie ist — oder hundert andere Möglichkeiten. Immer gilt der Satz: »An ihren Früchten sollt ihr sie erkennen.«

Mut, Ausdauer und Loslassen-Können sind die drei vornehmsten Voraussetzungen für das Beschreiten des geistigen Pfades (vgl. das Buch »Meditation«). Für alle drei ist die Ein-Stimmung von Bedeutung. **Niemals lasse man sich durch ein Gefühl des Versagens entmutigen:** Wer hat je die Empfindung, erfolgreich zu sein? Denn der Erfolg ist nicht wichtig: **Es kommt darauf an, wie wir uns bemüht haben.** Das Streben ist unser Weg — gleich einer Spinne müssen wir unser Netz, unsere geistige Leiter zu den Höhen selber weben. Was immer wir in diesem Leben erreichen, nehmen wir in die nächste Sphäre des Dienens hinüber. Die **Zeit** spielt keine Rolle; wir alle haben die Ewigkeit vor uns, in der wir lernen können. Dennoch kann es *nicht* unser Wunsch sein, immer wieder zurückzukehren und ständig denselben, abgedroschenen Lernstoff zu absolvieren, so als wiederhole man eine Schulklasse. Es ist unsere Aufgabe, uns vom Rad des Lebens zu befreien, das uns in erneute Inkarnationen zwingt. Der **Bote der Göttlichen Gegenwart** heißt uns willkommen, wenn es uns gelungen ist, den **Hüter der Schwelle** zu überwinden, jene Summe aller in unserem niederen Selbst begründeten Beschränkungen und Hemmungen.

Für manchen Schüler ist es hilfreich, sich von unten nach **oben** einzustimmen und geistig anzuschließen, indem er sich einen Lichtstrahl zu den Füßen Christi vorstellt und um Erleuchtung bittet oder vielleicht nur darum, in Seiner Nähe weilen zu dürfen.

Für andere kann es hilfreich sein, sich von oben nach **unten** einzustimmen, so als sinke man aus den geistigen Höhen herab, indem man den Atem verlangsamt und das Bewußtsein auf den einzelnen, durchlaufenen Ebenen beruhigt:

Man läßt sich sanft auf der **Beta**-Ebene des normalen Bewußtseins nieder.

Man atmet sehr langsam und ruhig in die **Alpha**-Ebene des Unterbewußtseins hinein.

Man versenkt sich in die **Theta**-Ebene, das Überbewußtsein oder die Samadhi-Ebene des Yoga.

Solche Ein-Stimmungs-Übungen sind täglich allein und in einem geschlossenen Raum abzuhalten, möglicherweise mit Hilfe von Weihrauch, Mantrams oder Musik, die die Schwingung aufbauen helfen. Dabei ist die richtige Haltung wichtig: man sitze mit aufrechter Wirbelsäule, aber mit **völlig entspanntem** Körper, so daß dieser vergessen werden kann.

Ein-Stimmung ist auch der erste Schritt des Heilers, ehe er ans Werk geht, sei es allein oder in einer Heil-Gruppe. Alle erfolgreichen Heiler bestätigen, daß sie sich als erstes einzustimmen haben; wie auch Jesus sagte: »Ich kann von mir selbst nichts tun, außer es wird mir vom Vater gegeben . . . , der Vater im Himmel, Er tut die Werke.« Wenn dies selbst für den Meister Jesus galt, so gilt es erst recht für uns. Der wahre Heiler arbeitet in der Gewahrwerdung — andere Therapien können letztlich nur Vorschulen sein. Ein Heiler, der auf das höhere Selbst ausgerichtet ist, kann bewußt oder unbewußt zur karmischen Ebene der Gewahrwerdung durchdringen. Nur so wird ein Heiler erfolgreich sein — er muß sich einstimmen und darauf lauschen, daß ihm die Krankheitsursache »eingeflüstert« wird; denn anders sind derlei Erkenntnisse in der dritten Dimension nicht zugänglich.

Es ist höchst unwahrscheinlich, daß je zwei Menschen bei der Meditation oder der Heilung die gleiche Weise der Ein-Stimmung haben; denn wir haben alle eine unterschiedliche Strahlstruktur. Auf diesem Wege wandeln wir alle **allein,** diesem Wege der Suche, aber auch der herrlichen Freude, der großen Entdeckungen, neuer Erkenntnisse und **neuen Offenbarungen.** Wir entdecken **uns selbst,** unsere verborgenen Kräfte, unsere geheimen Fähigkeiten. Jene, die uns auf dem Pfad voraus sind, stehen uns bei. Wir müssen ins Tiefinnerste vordringen, wir müssen bisher Unteilbares im geistigen Sinne spalten — wie ein Atom — wir müssen uns gegen bisher **absolute Schranken des Bewußtseins** wenden — wie gegen eine Schallmauer. Es gilt, den Durchbruch durch die Begrenzung der fünf Sinne zu erringen und die ungeheuren Möglichkeiten des sechsten und siebenten Sinnes und ihrer höheren Fähigkeiten zu erschließen.

Keine neue Erkenntnis braucht uns zu verwirren . . . sind wir doch auf dem Wege, Gottessöhne zu werden. Viele, die heute auf der Erde wandeln — und ihre Anzahl wächst —, können die Dinge tun, die Jesus von Nazareth tat . . . Die Ein-Stimmung verhilft uns, aus dem Bereich des Intellekts in den der Intuition fortzuschreiten.

INTUITION

Die intuitive Fähigkeit ist Teil des inneren Wissens. Aus dieser Quelle können wir viel Unterweisung und geheimes Wissen erlangen. Wenn ein Patient zum erstenmal vor uns steht, stimmen wir uns ein — zuerst auf Christus, die höchste Quelle von Liebe und Wissen, und danach auf die Seele des Patienten. Während dies in der Stille geschieht und wir vor dem Kranken stehen oder sitzen, berührt ein Gedankenblitz das ruhiggestellte Bewußtsein — und nennt uns etwa die *Ursache* der Krankheit oder das am meisten betroffene Organ, das Behandlung braucht — je nach der Krankengeschichte des Patienten.

Eingebungen sind wichtig. Ohne diese intuitive Fähigkeit wäre der Heiler von geringerem Wert; denn für die meisten Patienten ist der Heiler die letzte Hoffnung, nachdem sie die Möglichkeiten der Medizin ausgeschöpft haben oder ausgeschöpft zu haben glauben. Der Heiler weiß nur zu genau, daß seine Kenntnisse über den physischen Körper nicht einmal an die eines Medizinstudenten heranreichen, solange nicht mindestens 10 Jahre der Praxis hinter ihm liegen — oder er die Hellsichtigkeit für das Ätherische besitzt und »sehen« kann, was dem Patienten fehlt.

Alle erfahrenen Heiler, die die Autorin in den letzten 16 Jahren befragt hat, bekennen sich freimütig zu der Erfahrung, daß an ihrer Seite eine Zahl von Helfern aus der Großen Gemeinschaft des Himmels mitwirkt — man nenne sie Engel oder Inspiratoren —, die Hellsichtigen durchaus sichtbar sind. Viele dieser Helfer waren zu ihren Lebzeiten qualifizierte Ärzte auf Erden und sind inzwischen noch qualifizierter, da sie nun die »Sicht« haben, deren sie während ihrer Inkarnation ermangelten, und auch die ätherischen Strukturen sehen können. Es ist ihre Freude und ihr Vorrecht, uns zu dienen und mit uns zusammenzuwirken; denn wie wir, entwickeln auch sie sich durchs Dienen weiter. Viele hatten sich zu Lebzeiten auf bestimmte Körperbereiche, etwa das Gehirn, die Wirbelsäule, den Brustraum usw., spezialisiert. So können sie uns, den gegenwärtig auf Erden lebenden Heilungsmittlern, in unserer Ein-Stimmung auf die Innere Stimme Anweisungen und Diagnose-Hinweise eingeben, wenn dies nötig ist. Damit wird viel Zeit gespart, da die eingehende Untersuchung aller Systeme des Energiefeldes über die Chakras eine gewisse Zeit in Anspruch nimmt.

Ist ein Heiler bereits in Verbindung mit dem höheren Selbst, so versorgt ihn die Seele selbst mit allen nötigen Erkenntnissen. Ein solcher Heiler vermag nach Wahl in beiden Welten zu wirken.

Das Leben mit der Intuition gehört zu den wesentlichen Voraussetzungen für die Entwicklung neuer Methoden, Einsichten und Bewußtseinsfähigkeiten. Der Heiler muß den Umgang mit der Intuition pflegen, anstatt mit den gewöhnlichen Verstandeskräften unserer Bewußtseinsebene, die als völlig unzureichend ausgeschaltet werden muß. Auf der Schwelle unseres Bewußtseins wartet unendliches Wissen darauf, dem Menschen neue schöpferische Impulse zur Verfeinerung seiner Kultur und seiner Würde geben zu können und ihm für alle seine Zielsetzungen und Unternehmungen neue Einblicke zu eröffnen.

Nie dürfen wir vergessen, wer wir sind: Wir sind **in Wahrheit** Wesen der vierten Dimension, wir schweben bereits zwischen Himmel und Erde und stehen am Tor der Erkenntnis.

> *»Der Weg der inneren Entwicklung*
> *ist der Pfad der geistigen Erkenntnisse*
> *und führt zur Offenbarung.«*
>
> *(Alice A. Bailey: »Verblendung, ein Weltproblem«)*

> *»Mein Leben — das physische Leben —*
> *ist verborgen mit Christus — dem Seelenleben —*
> *in Gott — dem Geist.«*
>
> *(Kolosser 3, 3)*

LITERATUR

Alice A. Bailey: »Das Licht der Seele«, Lucis Trust, Genf

Alice A. Bailey: »Erziehung im Neuen Zeitalter«, Lucis Trust, Genf

Alice A. Bailey: »Jüngerschaft im Neuen Zeitalter«, Lucis Trust, Genf

Douglas Baker: »Meditation« (s. S. 19)

Douglas Baker: »Esoteric Healing« (s. S. 19)

Douglas Baker: »Esoteric Anatomy (s. S. 19)

OFFENBARUNG

In Seiner Hand, die alle Dinge schuf,
bewegt sich Seine ganze Schöpfung preisend
zum Lichte hin — in jenem Kosmosplan,
der Schritt für Schritt dem Mensch sich offenbart,
nicht ganz sich zeigt: Denn der begrenzte Geist
des Menschen kann nicht fassen noch verstehen
den Geist der Gottheit, ihr Mysterium.
Doch ist der Mensch nach seinem Wesen Geist,
der sich entfaltet und auf langer Fhart
zu größ'rer Harmonie und Eingebung
gelangt, die aus der Einen Quelle fließt
von allem, das je war, und ist, und wird.

Der Suchende entdeckt den Pfad zum Licht,
wie es verhieß der Mann von Nazareth.
Und wie ein jeder steht dem Nächsten bei,
so wird sein Schritt unmerklich hingelenkt
zu Gottes großem Reich der Ewigkeit.

B.M.J. 1964

DAS MANTRAM DER
NEUEN GRUPPE DER WELTDIENER

*Die Macht des Einen Lebens ströme durch
die Gruppe aller wahrhaft Dienenden.*

*Die Liebe der Einen Seele kennzeichne das Leben all derer,
die den Großen helfen möchten.*

*Laßt uns unser Teil zu dem großen Werk beitragen, indem wir uns
selbst vergessen, niemanden schädigen und stets die rechten
Worte sprechen.*

GAYATRI

*O Du, der Du das ganze Universum unterhältst,
aus dem alle Dinge kommen,
zu dem alle Dinge zurückkehren,
enthülle uns das Antlitz der wahren geistigen Sonne,
das hinter einer Scheibe goldenen Lichtes verborgen ist,
damit wir die Wahrheit erkennen
und unsere ganze Pflicht erfüllen
auf unserem Rückweg zu Deinen heiligen Füßen.*

DIE GROSSE INVOKATION

Aus dem Quell des Lichts im Denken Gottes
ströme Licht herab ins Menschendenken.
Es werde Licht auf Erden!

Aus dem Quell der Liebe im Herzen Gottes
ströme Liebe aus in alle Menschenherzen.
Möge Christus wiederkommen auf Erden!

Aus dem Zentrum, das den Willen Gottes kennt,
lenke planbeseelte Kraft die kleinen Menschenwillen
zu dem Endziel, dem die Meister wissend dienen!

Durch das Zentrum, das wir Menschheit nennen,
entfalte sich der Plan der Liebe und des Lichtes
und siegle zu die Tür zum Übel!

Mögen Licht und Liebe und Kraft den Plan
auf Erden wiederherstellen!

Anschrift der Verfasserin dieses Buches: Mrs. Brenda S. Johnston, International Health Research Network, 11 Woodbury Avenue, Havant, Hampshire PO9 1RH, England

Kontaktadresse für englischsprachige Kurse »Esoterisches Heilen« weltweit: Mrs. Dinah Lawson, The Barn, 4a Whichers Gate Road, Rowlands Castle, Hampshire PO9 6BB, England

Die Entdeckung und Erforschung der hier dargestellten Chakra-Therapie — der Diagnose und Behandlung über den Ätherkörper bzw. das Energiefeld des Menschen — begann 1965 in England. 1973 wurde das International Health Research Network gegründet, dessen Repräsentanten seitdem aus aller Welt zu Vorträgen und zur Leitung von Lehrgängen zur Vermittlung dieser neuartigen, die Möglichkeiten der präventiven Medizin erweiternden Behandlungsweise eingeladen wurden.

Um der Fülle der notwendigen Information und praktischen Übungen gerecht zu werden, entwickelte man ein dreiteiliges Lehrgangsprogramm, das in dreimal fünf Tagen »Eine Heilweise des Neuen Zeitalters« und ihre wissenschaftlichen und philosophischen Hintergründe und Zusammenhänge vermittelt. Alle Lehrer des I.H.R.N. verfügen über jahrelange Praxiserfahrung und sind befähigt, den Stoff in geeigneter Form weiterzugeben.

Falls Sie Interesse an Seminaren über Esoterisches Heilen haben, wenden Sie sich, bitte, an den Verlag (Anschrift siehe unten). Wir nennen Ihnen gerne Einzelheiten über bereits geplante Veranstaltungen und helfen Ihnen weiter, falls Sie selbst die Organisation eines Seminars in Erwägung ziehen. Wir begrüßen die Teilnahme von Angehörigen der heilenden und helfenden Berufe, weisen jedoch darauf hin, daß die Voraussetzungen seitens der Teilnehmer »nur« Aufgeschlossenheit, Hingabe und Bereitschaft zum Dienst am Nächsten sind.

Die Werke von Alice A. Bailey werden in deutscher Übersetzung verlegt durch den Lucis Trust, Postfach 31, CH-1211 Genf 20. Sie können auch — wie die (bisher ausschließlich) englischsprachigen Bücher von Dr. Douglas Baker und die anderen in diesem Buch genannten Werke — über den Opal Verlag bezogen werden; auch Preislisten erhalten Sie auf Anforderung vom

Opal Verlag, Seefelder Str. 26, D-8900 Augsburg 1, Tel. 0821/66 43 33